창조문학대표수필선

인생의 두 번째 계획

이상화 세 번째 수필집

창조문학사

■ 축하의 글

「믿으며 사랑하며 글 쓰며」

- 이상화 수필집 『인생의 두 번째 계획』에 부쳐

홍 문 표
(시인 · 평론가 · 전 오산대 총장)

이상화님의 세 번째 수필집 『인생의 두 번째 계획』을 보게 되어 기쁘다.

인생을 어떻게 사는 것이 정말 가치 있고, 의미 있는 일일까. 그야 인생관에 따라 저마다 다를 수 있다. 그러나 어떤 처지에서 살든 젊어서는 열심히 일하고 노년에는 여유 있게 사는 것이라는 이 명제는 누구에게나 적용되는 삶의 진리다. 그런데 여기에서 주목해야 하는 부분이 노년에 여유 있게 산다는 말이다. 여유 있게 산다는 말이 무엇인가. 물질을 여유 있게 쓴다는 말인가. 세속적으로 삶을 여유 있게 즐긴다는 말인가.

사실 대부분의 보통 사람들은 그런 생각을 한다. 그러나 정말 노년의 여유란 그런 세속적인 욕망을 채우는 것이 아니다. 속담에 개같이 벌어서 정승같이 쓴다라는 말이 있고, 개같이 벌어서 천사같이 쓴다라는 말도 있다. 서양에는 노블레스 오블리즈라는 말도 있다. 물론 이 말에는 주로 돈을 많이 번 자들에게 사회적인 기여와 베풂에 대한 책임을 강조한 뜻이 있지만 노블레스 오블리즈의 진의는 단지 부자들의 자선만을 지적하는 것이 아니다.

사실 젊을 때 각자 자신의 분야에서 열심히 산 사람들은 그 분야에서는 모두가 부자다. 물질만이 아니라 정신적으로 지적으로 많은 경험과 경륜을 가진 정말 농익은 인생의 부자다. 그렇다면 이러한 경험과 경륜을 후배나 이웃이나 세상을 위해 베푸는 삶이야말로 진정 노년을 여유 있게 사는 사람이고 정승같이 사는 사람일 것이다.

몇 년 전 미국의 대학 평생교육실태를 보고자 국내 평생교육원장들과 시찰을 간 일이 있었다. 놀라운 것은 대학에 젊은 대학생들보다 은퇴한 노년세대들이 많았다는 것이다. 젊어서는 생계를 위해 자의반 타의반으로 구속된 직장생활을 하다가 은퇴를 하고는 정말 자유로운 영혼이 되어 자신이 하고 싶었던 분야를 마음껏 탐구하고 노년의 삶을 더욱 풍요롭게 사는 것이다. 이렇게 노년을 우리네처럼 한물간 실버세대가 아니라 오히려 새로운 인생에 도전하는 문화를 저들은 르네상스 소사이어티라고 했다. 제2의 값진 인생을 산다는 말이다.

필자가 노년의 여유로운 삶에 대한 단상을 이렇게 말하는 것은 바로 이상화 수필가의 이번 수필집 『인생의 두 번째 계획』이라는 제목이 노년의 여유로운 삶, 정승같이 사는 삶, 새롭게 인생을 도전하는 삶, 르네상스 소사이어티를 실감할 수 있었기 때문이다.

사실 이상화 수필가는 젊어서는 법학 경영학 등, 사회과학을 전공하고, 정부기관 공무원으로, 외교관으로 공직생활을 하고는 퇴임 후에는 자유로운 영혼이 되어 그가 평소 좋아 했던 음악에 심취하기도 하였지만 그보다는 글 쓰는 달란트를 십분 발휘하여 주옥같은 수필집을 연거푸 내고 있는 것이다.

그는 2013년에 첫 수필집 『하얀 복사꽃보다 아름다운 미소』를 발표했고, 두 번째 수필집 『사랑의 징검다리』는 2015년에, 그리고 세 번째 수필집 『인생의 두 번째 계획』은 2019년 새해 벽두에 내게 된 것이다. 매번 3백여 쪽에 달하는 장문에 해당하는 수필집을 연거푸 낸다는 것은 그의 뛰어난 문장력은 물론이려니와 그의 해박한 지식과 경험들이 무진장 내면에 응축되었기에 가능한 일이다.

그는 서두에서 첫 수필집은 생활 체험이었다면 두 번째 수필집은 신앙수필이었다고 했다. 그렇다면 이번에 발표되는 세 번째 수필집은 어떤 성격일까. 논리적으로 말하면 생활과 신앙을 종합한 수필이라고 할 수 있다. 그러나 필자는 이상화 수필가의 작품세계를 한마디로 믿음과 사랑의 아름다운 문장이라고 말하고 싶다.

이상화 수필가의 기본적인 작품정신은 그의 독실한 기독교적인 신앙의 바탕에서 비롯되고 있음을 보게 된다. 그는 두 번째 수필집 『사랑의 징검다리』 서문에서 "나는 본래 문단에 등단하고 싶다는 생각보다 하나님을 영화롭게 하기 위한 글을 쓰고 싶었으며 그렇게 하고 싶다는 기도를 드리었다"라고 썼다. 이런 기독교적 존재인식이 그의 삶이나 그의 문학을 일관되게 지탱하고 꽃피우는 정신이 되고 목표가 된다. 그러기의 그의 수필은 두 번째 수필집뿐만 아니라 세권의 수필집 전제, 그리고 그의 작품 하나하나에는 그런 지극한 믿음과 지극한 마음이 행간마다 깊숙이 배어 있다.

뿐만 아니라 그의 지극한 믿음위에서 비롯된 작품들은 바로 사랑이라는 아름다운 덕목으로 다양한 꽃을 피우고 있다. 그의 수필작품들을 일별해 보면 뜨거운 사랑의 폭 넓은 실현이다. 그의 사랑은 먼저 하나님 사랑에서 시작하여 가족사랑, 이웃사랑, 자연 사랑, 나라 사랑 그리고 그가 평소 즐기는 음악 사랑까지 있어, 그의 문학은 사랑의 풍성한 꽃밭으로 평화롭고 환한 에덴동산을 이루고 있다.

그는 수필을 서정과 감성 속에 사상을 입혀서 언어로 표현한 논픽션이라고 하였다. 거창한 의미나 깊은 생각 없이 붓 가는 대로 마음 가는 대로 자연스럽게 흘러왔다고도 했다. 매우 당연하면서도 겸손한 수필관이다. 그러나 그의 수필은 매우 폭이 넓고 깊이가 있다. 그의 작품들은 하나하나가 진지하고 해박하며 지혜가 있고 감동이 있다. 단편적인 신변잡기가 아니라 철저한 고증과 예리한 비판과 비전을 제시하는가 하면 감성적이고 부드러운 인간미가 있어 읽는 이의 마음을 흔들고 있다.

은퇴이후, 노년의 삶을 어떻게 할 것인가. 이상화 수필가는 "저녁노을이 붉듯이, 열정적인 삶의 장을 더 화려하게 장식하고 싶다"고 했는데 이는 노년의 진정 여유로운 삶, 정승같이 품격 있고, 의미 있는 삶의 모습일 것이다. 그래서 이번에는 『인생의 두 번째 계획』을 세우고 화려한 르네상스의 불꽃을 피우겠다는 것이 아닌가. 세 번째 수필집 발간을 진심으로 축하한다. 그의 해박하고 뛰어난 문장의 달란트가 정녕 믿으며 사랑하며 글 쓰며 더욱 행복하고 아름다운 노년의 빛나는 날들이 되기를 기원한다.

▣ 머리말

수필 문단에 등단한 지도 여러 해가 흘러갔다. 시간 나는 대로 틈을 내어서 보고 듣고 느낀 것들을 문자로 옮겨 보았다. 그것은 서정과 감성 속에 사상을 입혀서 언어로 표현한 논픽션이다. 거창한 의미를 부여하고 싶은 생각은 없었다. 흔히 말하는 붓 가는 대로 마음 가는 대로 자연스럽게 흘러왔다.

늦게나마 나에게 평안을 주고 몸담고 온 믿음의 둥지에서 초라하게 살고 있으나 마음은 풍요로워지려고 기도하고 있사오니 저의 달란트대로 헌신할 수 있도록 도와주시옵소서! 한밤중에 중환자실에서 환자의 간절한 기도 부탁 전화를 받고 기도드렸다. 그 환자의 소망이 이루어지는 역사가 일어나기 바라면서 말이다.

머리는 하늘에 두고 발은 땅을 밟고 살기에 얽히고 설킨 사연들이 발목을 잡아서 이야기도 많았다. 그 가운데 바른길을 가려고 애를 쓰고 있으나 세사에 기울어지는 경향이 있어서 밉상은 아니지만, 캠퍼스엔 그런대로 한 폭의 그림이 그려졌다.

건강할 때 감사할 줄도 모르고 불편 없이 산 무지한 인간은 건강을 잃고, 그때야 건강의 소중함을 알고 지켜주신 하나님께 감사한다. 늘 은혜 가운데 살고 있으며 앞으로도 그렇게 살려 한다.

나이 들수록 손자 · 손녀가 자라는 모습, 자기 일을 감당해가는 능력을 보고 감사했다. 자연에 묻혀 살면서 음악의 선율에 가슴이 저밀 때도 있었고 평안을 누리며 흘러간 이야기에 귀를 기울일 때도 있었다.

자연의 섭리에 벗어나는 것을 보면서 걱정스러운 것은 우리나라의 인구가 줄어든다는 것이다. 살면서 역겨움도 느꼈고 역류하는 물줄기를 바르게 잡겠다는 소견도 적어보았다. 세사를 등지고 살 수 없어서 푸념하기는 하나 사랑이 부족한 것 같다. 이런 것들을 소재로 하여 엮어놓고 보니 소박하고 단순한 느낌이 든다. 역시 순리에 따라가려는 흔적은 보이나 하나의 초라한 초가집을 짓고 말았다.

2019년 이른 봄
지은이 이상화 씀

이상화 세 번째 수필집

인생의 두 번째 계획

차 례

제2장 세상사는 이야기

제3장 소중한 건강 지키기

제4장 처음이 중요하다

제5장 자연에 묻혀서

제6장 고전음악과 함께

제7장 흘러간 이야기

제8장 인구 부양의 시급성

제9장 이렇게 생각한다.

제1장
바라는 것들의 실상

"21세기 교회의 전망"이란 책을 읽고서
하나님의 은혜
하나님과 연때가 맞아야 한다.
내가 믿을 분은 하나님 밖에
사랑이 숨 쉬는 사회를 만들자.
내 주를 가까이하게 함은
우물가
하나님 말씀의 힘
만남의 축복
노인의 군소리
한국의 최초 성경 전래지 마량포에 다녀와서
행동하는 믿음
지금 합심 기도가 필요한 때다

"21세기 교회의 전망"이란 책을 읽고서

내가 투고하는 순수문학지의 편집방침에 따라서 책을 선정하여 읽고 독후감을 써야 한다는 고민에 빠졌다. 먼저 읽어야 할 도서의 선택인데 손쉬운 대로 서가에 꽂혀있는 하워드 A. 스나이더(Howard. A. Snyder. 1940~) 교수가 썼고 박이경 · 김기찬이 옮겼으며 아카데미출판사(1996)에서 발간한 "21세기 교회의 전망"(Foresight)이라는 책을 선정하여 읽은 뒤 느낌을 다음과 같이 썼다.

이 책은 먼저 기독교가 걸어온 발자취를 그려 놓았으며 누가 주된 역할을 해서 기독교가 부흥되었고 그 가운데 제도적인 문제점과 동향 그리고 전망을 기록해 놓았으며 하나님의 말씀으로 회귀하여 참뜻과 방향을 찾아 교회 부흥을 모색하는 모습을 찾아볼 수 있었다.

교회 중심의 이동 경로는 북대서양국가에서 아메리카로 그리고 아시아로 옮겨졌다는 것을 밝히고 기독교는 전 세계적인 종교라고 밝힌 뒤 앞으로 그 동향은 남반구에서 북반구로, 서부 유럽의 몰락을 아프리카, 아시아, 라틴아메리카에서 보충할 것으로 전망하고 있다. 또 종래 전통적인 기독교 지역에서 쇠퇴하고 인구가 조밀하고 대부분 빈곤한 남반부인 제3세계에서 교회가 부흥할 것으로 전망하며 세계 선교의 국제화를 논하고 교회의 부분적인 성장에서 전반적인 부흥으로 업그레이드(upgrade)해야 한다고 주장하고 있다고 정리했다.

중국의 경우 공산주의 국가에서 기독교 국가로 변환되고 있으며 허드슨 테일러(James Hudson Taylor. 1832~1905)의 선교 이후 계속 탄압으로 교회의 부침(浮沈)이 있었다. 그러나 중국 기독교의 대각성으로 교회가 공산주의와 병존할 수 있게 되었다고 보고 있다. 우리는 이러한 상황을 통하여 하나님의 주권적 통치, 그리스도와 성경의 불멸·불변성을 깨닫게 되고 교회는 고난을 통하여 정결케 되는 등 기독교의 참 진리를 엿볼 수 있으며 세계인구의 삼분의 일을 차지하고 있는 중국에서 기독교가 성장함으로써 세계 복음화에 큰 역할을 할 것으로 보고 있다.

여러 가지로 분식된 제도적 전통주의로부터 하나님 나라의 신학으로 돌아가야 한다고 역설하고 시대적 요청에 따라 주변 환경은 변하고 있다. 즉 산업사회로부터 정보사회로, 국가 경제로부터 세계 경제로 그리고 단기적 기업으로부터 장기적 기업으로 변하고 있다고 설명하고 있다.

그리고 교회 지도자의 기본적인 직무는 기도, 가르침과 제자 삼는 일이며 종래는 성직자와 평신도의 구분에서 사역자의 공동체로 변해야 한다고 주장하고 있으나 미흡한 점이 있었다.

그래서 그 책의 결론 부분을 다시 읽고 필자는 다음과 같이 생각한다. 첫째로 교회의 본질이 변하여 세속화되고 있는 사례를 바로 잡아야 한다. 선교의 방식은 여러 가지가 있을 수 있으나 하나님 나라의 복음에 관한 진리와 사랑을 분식(粉飾)할 수 없다.

둘째로 물질문명의 발달로 가족제도가 다양하게 변화하고 있다. 자기 편한 대로 생각하는 인간의 속성을 고쳐야 한다. 서유럽과 북미의 가족제도에서 몰락의 일면을 엿볼 수 있다. 그리스도인들은 오늘은 물론 내일도 각자가 합력하여 하나님께서 만들어 주신 가정을 지켜야 한다. 그리고 그렇지 못한 부류들을 위하여 교회가 공동체의 역할을 담당해야 한다.

셋째로 21세기가 되기 전에 선교를 담당한 서유럽과 그곳으로부터 복음을 전해 받아 부흥했던 북미는 일부이기는 하지만, 교회가 유흥업소로 바뀌고 맥도날드의 영업장소를 변했으며 더러는 모스크(mosque)로 바뀐 곳도 있다. 그리스도인은 복음을 모르는 지역에 대한 복음전파도 중요하지만, 복음의 실지 회복에 큰 역량을 발휘하여야 한다.

넷째로 서유럽 선진국들이 이슬람교도의 이민을 수용함으로써 현재 겪고 있는 고통을 분석해보아야 한다. 그것은 북미도 마찬가지이다. 한국도 이슬람 선교를 눈여겨보고 그 교세 확장에 대해 강력한 대책을 수립·시행하여야 한다.

다섯째로 21세기는 정보화 사회이다. 상상을 초월할 정도로 발달해가는 정보기술의 발전은 인간을 나태(懶怠)하게 만든다. 이러한 정보화 사회에서 믿음의 자녀들이 흔들이지 않으려면 느슨했던 신앙생활을 청산하고 성경 중심의 신앙생활로 돌아가야 한다. 그리고 발전을 거듭하고 있는 정보기술을 하나님의 말씀을 전파하는 데 이용하여야 한다. 우리 성도들은 이 세상의 땅 끝까지 하나님의 말씀을 전파할 의무가 있다. (2000. 01. 10)

하나님의 은혜

팔월이 또 시작되었다. 이달은 우리 작은아들의 생일이 있기에 마음이 기쁘다. 그는 부모의 관심을 끌려고 그러한 것은 아니겠지만, 나의 관심을 너무도 많이 끈 녀석이다. 무더운 여름의 막바지 더위 속에 출산했는데 포대기로 너무 싸주는 바람에 탈수 현상으로 죽는 것을 살렸다. 담당 의사도 탈수인지를 모르고 당황하는 것을 처이모님과 산모가 의학서적을 뒤져서 탈수라는 것을 알았고 이를 의사한테 알려 줘서 그제야 바른 처방을 해서 살렸다. 그래서 우리 작은아들을 살린 것을 하나님의 은혜라고 생각한다.

그 녀석은 어렸을 때 편도선염으로 계절이 바뀔 때마다 고통을 받는 것이 싫어서 수술해 주었는데 출혈이 심하여 죽는 것을 살렸다. 이것도 하나님의 은혜라고 믿고 있다. 이 편도선 수술이 과연 좋은 것인지, 좋지 않은 것인지 나는 지금도 모르겠다. 그 녀석의 편도선을 수술하기 전에 의사의 조언을 받는 등 충분히 검토하고 유명하다고 하는 의사 선생님의 집도로 수술을 받았다. 그래서 별 걱정하지 않고 수술을 받았는데 출혈이 멎지 않아서 그 때문에 죽는 줄 알았다.

이때도 하나님의 도우심으로 살렸고 그것은 하나님의 은혜라고 생각한다.

서울 잠실에서 살 때 2층에서 떨어진 적이 있는데 이때도 발등만 상처를 입고 무사했다. 만약에 거꾸로 떨어져서 머리를 다쳤더라면 그냥 죽었거나 뇌진탕 때문에 불구가 되었을 가능성이 컸는데 다행히 발목만 다치는 바람에 무사했다. 이것도 하나님의 은혜라고 생각한다. 이렇게 우리 작은아들은 생명과 관련해서 세 번이나 죽을 고비를 넘기고 살았다.

내가 주이란한국대사관에서 근무하려고 출국하기 전에 그 녀석이 이런 말을 했다. 그때 고등학교 1학년에 재학하고 있었는데 "우리 집을 그대로 두고 엄마 아빠가 가시면 나는 여기서 학교에 다니면서 공부하겠노라"고 말했던 생각이 난다. 얼마나 외국고등학교에 전·입학하기 싫어서 그런 말을 했으랴…… 그러나 그것은 어린 마음에서이고 그래도 제 형이랑 같이 미국으로 유학할 수 있도록 도와주신 것도 하나님의 은혜라고 생각한다.

영어에 서러움을 많이 받은 내가 자식들을 영어를 상용어로 쓰는 미국에 유학 보내어서 영어를 배우게 했으니 어찌 하나님의 은혜가 아니겠는가? 하나님께서는 내가 다 안다. 네가 시골 학교에서 한국전쟁(6.25사변)을 겪으면서 그때 다 그러했겠지만, 얼마나 고생이 많았냐? 그래서 하나님께서 내가 네 새끼는 영어를 사용하는 나라로 유학을 보내주겠다 하고 보내신 것 같다. 이것도 하나님의 은혜라고 생각한다.

그 녀석은 미국에 가서 여러 민족의 자녀와 함께 공부해서 두각을 나타냈다. 그 학교 교장 선생님께서 우리 작은아들을 잘 보아서 기숙사에서 나와서 교장 선생님 사택에서 기거하면서 학교에 다녔다. 그때 교장 선생님 사모님이 "Why were you born in Korea? (네가 왜 한국에서 태여 낳느냐?)"고 말씀하시더란다. 미국에서 태어났으면 좋았으련만, 아쉽다는 뜻일 것이다. 그렇게 그 녀석은 뭇 사람들로부터 사랑을 받았다. 이것도 하나님의 은혜라고 생각한다. 그 교장 선생님이나 그 사모님이 우리 작은아들의 신실함을 알고 그렇게 사랑해 주셨을 것이다. "사람이 사랑을 받는 것은 자기 할 나름이다"라는 말이 있듯이 말이다.

귀국해서 좋은 대학에 입학할 수 있도록 도와주셨고 특히 어렵다는 카투사(KATUSA=Korean Augmentation Troops to United States Army) 시험에 응시해서 좋은 성적으로 합격하게 해주셨다. 그래서 주한미군 부대 최고사령부에서 누구의 힘도 빌리지 않고 병영 생활을 했다. 이렇게 우리 작은아들은 가는 곳마다 인정을 받고 사랑을 받았다. 이러한 모든 것이 다 하나님의 은혜로 생각하고 감사한다.

위에서도 말했지만, 이 녀석이 출생한 8월을 맞으니 숙연한 생각도 들고 하나님께 감사하는 마음이 저절로 나온다. 그런데 이러한 상황에서 하나님께 감사하나 그때가 지나면 하나님께 감사함을 잊어버리는 것이 큰 병이다. 그것은 하나님께 감사하는 생활, 기도하는 생활이 몸에 배어 있지 않았기 때문이라고 생각한다. 전에는 하나님을 모르고 살아서 그냥 넘어간 때가 잦았으나 인제는 마음이 근본적으로 달라져야 한다. 하나님을 믿고 사르니 말이다.

특히 우리 작은아들은 하나님을 섬기는 그 마음이 한결같다. 초등학교 때부터 주일학교 생활을 했으며 제 엄마를 따라 가끔이기는 하지만, 새벽기도에 참여했다. 위에서 말한 그 어려운 카투사 시험을 치르기 전날인데도 주일학교에서 선생님으로서 학생들을 섬기었다고 한다. 지금도 그 믿음에 변화가 없다.

아비로서 욕심이지만, 우리 작은아들은 뭇사람들의 인정과 사랑을 받아서 앞으로 그들로부터 협조를 많이 받고 많이 줄 것으로 생각한다. 하나님께서 만난의 축복을 주신 것 같다. 세계 각처에 있는 사람들이 앞으로도 우리 작은아들을 사랑할 것으로 믿는다. 내가 우리 작은아들의 생일에 과잉반응을 보이는 것은 아니다. 진심에서 우러나오는 말을 했을 뿐이다.(2000. 08. 15)

하나님과 연때가 맞아야 한다

지난 수요일에 요통 때문에 모 한의원에서 진맥하고 약 한 제를 지어왔다. 달이는 것이 걱정되었으나 첩약은 구경도 못 하고 달여서 팩으로 만들어 택배까지 해드리겠다고 해서 약값을 지급하고 왔다. 하루가 지난 뒤에 약속대로 그 한의원에서 탕제(湯劑)가 택배해 왔다. 한 끼에 1회씩 먹도록 포장되었는데 헤아려보니 30개 팩이었다. 하루에 세 끼를 먹게 되어 있으니 열흘 동안 먹으면 되는데 결국, 한 달에 약값이 40여만원이 되는 셈이다.

약값이라든지, 번거로움이라든지 그런 것은 별로 문제가 되지 않는다. 약을 먹고 효험이 있었으면 좋겠다. 발병하면 약을 먹어야 하겠지만, 약을 먹는다고 모두 효험을 보는 것은 아니다. 같은 약을, 같은 병에 사용해도 치료되는 사람도 있고 아니 되는 사람도 있어서 옛날부터 환자와 의사가 연때가 맞았느니 맞지 않았으니 환자의 체질에 따라서 맞는 환자가 있고 맞지 않는 환자가 있다고 말하곤 했다. 뒤의 말이 맞는 말인 것 같다. 사람의 체질은 여러 종류가 있으므로 같은 약이라도 효험이 있는 사람이 있는가 하면 그렇지 않은 환자가 있으니 말이다.

그러나 나는 이렇게 생각한다. 우리 인생도 하나님께서 만드셨지만, 병이란 것도 하나님께서 만드셨으며 그 병을 낫게 하는 작용도 하나님께서 하신다고 믿는다. 따라서 우리는 병을 치료하려고 최선의 노력을 다하면서 기도해야 한다. 그리하면 주관자이신 하나님께서 치료하시는 데 많은 도움을 주실 것으로 믿는다. 결국, 하나님과 연때가 맞아야 한단 말이다. 그것은 하나님의 사랑이요 은혜이다.

벌써 수년 전의 일이라고 생각하는데 누님께서 뇌경색증으로 우리 집에서 잠시 오셔서 계시면서 약을 드셨는데 그때 누님께서는 약을 드시기 전에 늘 먼저 기도하시고 약을 드셨다. 누님께서 그전에 우리 집에 오셨을 때 집사람이나 내가 복음을 전한 일이 있는데 그 복음이 싹이 튼 모양이다. 그때 내 생각에 분명히 누님께서 약을 드시고 병이 치료될 것으로 믿었다.

그런데 그 뒤 누님께서는 인천 딸네 집에 계시면서 치료받으셨는데 그 결과가 좋아서 건강을 회복하고 고향으로 내려가셨다. 우리나라 속담에 "지성(至誠)이면 감천(感天)이라"는 한 말이 있다. 이 말은 예로부터 써온 말인데 정성이 지극하면 하나님께서도 감동하신다는 뜻이다.

누님께서 지금까지 큰 탈이 없이 사시고 계시니 이

것은 하나님의 은혜이다. 사람이 오래 살게 하거나 그렇지 못하게 하는 것은 다 하나님께서 주관하시는 일이므로 우리가 이렇다. 저렇다 할 사안이 아니다. 다만, 기도해야 한다. 쉬지 말고 기도를 간곡히 드려야 한다.

오늘부터 먹는 이 약이 효험이 있게 해달라고 하나님께 기도를 드리면서 약을 먹어야 하겠다. 약이란 오래 먹는다고 치료가 되는 것도 아니고 반대로 짧은 기간 먹는다고 효험이 없으란 법도 없는 것으로 생각한다. 다만, 나는 하나님께 다음과 같이 기도드렸다. 즉, 먹는 약에 효험을 배가해 주셔서 하루속히 완쾌될 수 있도록 도와주셔서 하나님께 감사하는 삶을 누릴 수 있도록 도와주십사 하고 간절히 기도를 드렸다. 그리고 건강한 몸으로 하나님께 영광 돌리는 삶을 살게 해달라고 말이다.

하나님께서 나의 기도를 들으시고 합당하다고 생각하시면 응답을 주실 것이며 그렇지 않으면 약의 효능이 없을 것으로 생각한다. 의술도 그렇다. 그것이 한방이든 양방이든 하나님께서 지혜를 주셔서 약을 발명하게 하시고 침이나 메스도 필요한 때 사용하게 하셔서 치료할 수 있도록 하셨다.

인간은 하나님의 손안에 들어있다. 그러므로 우린 살든지 죽든지 하나님을 위하여 열심을 다 하여야 한다. 우리에게 주신 숨 쉴 수 있는 기간이 많은 것은 아니다. 다시 오지 않은 그 기간에 최선을 다하여 하나님을 섬겨야 한다. 그렇게 하면 하나님께서는 인간에게 도움을 주시고 축복할 것으로 믿는다.(2002. 04. 12)

내가 믿을 분은 하나님 밖에

우리 부부는 80년대 초부터 불모지에서 하나님을 영접한 뒤 하나님이 인도하시는 삶을 누리고 있으며 주 안에서 마음의 평안을 찾고 감사하며 하나님께 영광을 돌리려고 노력하면서 살고 있다. 그동안 세사에 시달이며 땅 위의 기름진 복만 추구하려고 애를 썼으며 하늘의 신령한 복을 모르고 살았다.

고향에서는 형님 내외분이 사셨고 우리 부부는 내가 서울에서 공직 생활을 해서 서울에서 살았다. 불행하게도 1984년에 8월에 형수님께서 54세로 이 세상을 하직하셨다. 그 뒤로 형님께서는 홀로 고향을 지키면서 사셨다. 그동안 나는 정부의 명에 따라서 1989년 5월부터 주이란한국대사관에서 5년 3개월간 근무하다 1994년 10월에 귀국했다. 1996년 5월에 형님마저 이 세상을 하직하셨다.

형님의 사인은 폐암이었다. 형수님을 잃고 섭생이 조악했을 뿐만 아니라 고독이란 병으로 영은 시들어가고 술과 담배로 육신은 망가지기 시작했다. 해외에 나가기 전에 여러 번에 술과 담배를 멀리하시라고 간곡히 말씀을 드렸으나 술을 마시고 담배를 피우지 않고는 견디기가 어려웠던 모양이다.

급기야 1996년도에 몸이 쇠약해지고 병이 실려서 서울 큰 병원에서 진찰을 받은 결과 폐암이라는 진단이 나왔고 앞으로 7개월을 넘기기 어렵다고 담당 의사가 예후였다. 그 당시 일반적으로 수술도 하기는 했으나 선진국 유명한 암 병원에서 폐암 수술을 받고 온 사람이 병을 고쳤다는 말을 들어본 적이 없었다. 결국, 형님은 시골로 내려가시고 형님의 죽음을 준비해야 하겠다는 생각이 들었다.

딸 세은 전부 출가했고 아들 하나는 미장가였으며 20대로 세상 물정을 모르고 사는 것 같았다. 집사람이 단독으로 내려갈 때도 있고 나와 같이 형님댁에 내려갈 때도 있었다. 음식을 자실 수 있는 때에 잡수시라고 집사람은 음식을 마련해 가기도 했다.

전에도 집사람은 하나님을 믿으시라고 전도도 하고 성경책도 사다 드리고 직접 간접으로 성경을 봉독하시고 교회에 출석하시기를 권면하였다. 집사람이 시골에 자주 내려간 본래의 목적은 형님께서 이 상태로 돌아가시게 해서는 아니 되겠다는 집사람의 신앙심이었다. 형님이 하나님을 영접하시게 하려고 큰 노력을 기울였다. 즉 죽음을 앞둔 형님의 영을 편안한 곳에서 사시게 하기 위한 것이었다.

우리 부부가 함께 고향에 내려가서 남산교회 담임

목사님과 장로님을 모셔다 예배를 드리고 난 뒤에 형님께서는 "내가 이 세상에서 믿을 분은 하나님밖에 없다."고 말씀하셨다. 서산병원에 입원해 계실 때 집사람 혼자 목사님을 모시고 가서 예배를 드리고 하나님을 믿으시냐? 고 물었을 때 병마로 언어기능을 상실하셔서 말은 못 하시고 청력은 좋아서 머리를 끄덕여서 수긍하셨다는 말을 들었다.

형님께서는 증조부까지 직접 모시는 장손으로서 제사를 열심히 지내셨다. 그리고 향교에 나가셔서 공자(孔子)와 선현의 위패(位牌)를 봉안한 대성전(大成殿) 문묘에서 집례자로 제사를 지내기도 하셨다. 그렇게 우상을 섬기시던 분이 하나님을 믿으신다고 말씀하셨다. 내 생각에는 형님께서는 하나님을 영접하시고 하늘나라로 가셨다고 믿는다. 그 이유는 목사님과 장로님과 같이 예배를 드리고 난 다음에 묻지 않았음에도 "내가 이 세상에서 믿을 분은 하나님밖에 없다."고 말씀하셨다. 또 죽음의 문턱에 이르러서도 "하나님을 믿으시느냐?"고 집사람이 물었을 때 말을 못 해도 들으시고 수긍하시더라는 말을 집사람이 나에게 전해 주었다.

발병하시기 전에 조상의 기일이 있어서 고향에 내려가면 혼자서 절하시면서 제사를 지내셨는데 나에게는 "아우는 기독교인이니 절하지 말고 기도나 해라"고 말씀하셨다. 그러니까 기독교에 대하여 평소 거부감이 없었다는 말이다. 형님과 생활을 같이했더라면 아마 우리와 같이 신앙생활을 하셨을 것이다. 그러나 하나님을 믿겠다고 스스로 시인하셨으므로 하나님을 영접하셨다고 생각하며 비록 예수님과 같이 십자가에 매달린 강도가 교회에 출석하지 않았다 하더라도 하늘나라에 간 것처럼 형님도 우리와 같이 신앙생활을 하시지 않았더라도 천국에 가서 평안하게 쉬실 것으로 믿는다.(2003. 05. 02)

사랑이 숨 쉬는 사회를 만들자

각종 사건은 세월의 흐름에 따라 역사의 뒤안길에 묻히고 새로운 사건들이 등장한다. 그런데 한국 사람들은 가슴 아픈 사건들을 너무 쉽게 잊어버리는 버릇이 있는 것 같다.

그러나 192명이 사망했고 148명에게 상처를 입힌 대구 지하철방화사건(2003. 2. 18)과 같은 대형 참사 사건들이 그대로 역사 속에 묻혀버려서는 아니 된다. 우리가 역사를 되새김하는 것도 이를 거울삼아 좋은 것은 숭상하고 불행한 전철(前轍)을 밟지 않기 위한 것이다.

1970년대부터 불기 시작한 산업화사회에서 가장의 역할은 돈을 많이 벌어오는 것이었다. 가정에서는 돈을 많이 벌어 와야만 좋은 남편이요, 좋은 아버지로 인식되었다. 그래서 가정에서 남편과 아버지의 부재 현상이 일어났다. 또 군사독재와 더불어 비정상적으로 커진 재벌들의 정경유착과 부도덕성으로 인한 좌절감(挫折感)에서 서민들의 분노가 발생했다. 그리고 정보화 사회에서 마약보다도 더 큰 사회적 병폐를 가져온 인터넷 중독으로 가치판단의 기준이 흔들리고 있다. 이러한 사회적 병리 현상 속에서 각종 사건이 발생하여

엄청난 인명 피해와 사회적 손실을 가져왔다. 앞으로 대구 지하철방화사건과 유사한 사건이 발생하지 않는다고 보장할 수 없다.

이를 치유하려면 첫째로 부권회복(父權回復)에 의한 자녀들의 자제력 향상이 시급하다. 가정에서 폭행 사건, 학교 안에서 폭력 사건, 데이트족의 폭력 사건, 군영에서 탈영 사건, 점점 늘어가는 자살사건 등은 다 자제력(自制力)의 부족에서 초래된 것으로 생각한다. 대구 지하철 방화사건도 자신의 신병(身病)을 비관한 장애인의 자제력 부족에서 연유한 것으로 보지 않을 수 없다.

그것은 가정에서 부권의 상실이 바로 자녀의 가정교육에 지대한 영향을 미친 것으로 생각한다. 아빠의 사랑과 권위가 곧 자녀들의 올바르지 못한 심리에 대한 통제가 가능하며 그러한 통제 가운데 자녀들의 자제력이 키워진다.

또 경제권을 상실한 부권(夫權)은 부권(父權) 회복에 큰 걸림돌이 되고 있다. 따라서 남편은 돈을 벌어오고 아내는 돈을 쓰는 그런 역할 분담에서 벗어나 가계의 공동운영이 필요하다고 생각한다. 이것은 남편을 위해서가 아니라 자녀교육을 위하여 꼭 필요하다. 자녀들은 어머니의 자애로운 사랑만 받고 자라서는 아니 되며 아버지의 위엄 있는 사랑도 함께 받아야 한다고 생각한다.

둘째로 사회의 각종 비리와 병폐로 멍든 서민들의 가슴을 위무해 주어야 한다. 엄청난 액수의 금융 비리 그리고 가진 자의 부도덕성으로 인한 좌절감에서 벗어날 수 있도록 사회적 비리를 척결(剔抉)하고 그들의 분노를 삭일 수 있도록 달래 주어야 한다. 어떠한 정치 지도자도 사회적 비리와 부도덕으로 멍든 서민의 가슴을 위무하지 못했다. 그러므로 굽은 것을 바로 잡아 앞으로 유사한 비리와 부도덕한 사건이 재발하지 않도록 제도적 장치를 마련되어야 한다.

셋째로 인터넷은 지식의 보고(寶庫)이며 통신의 중추적 역할을 하고 있다. 그러나 좋은 무기는 꼭 적을 궤멸(潰滅)하는 데만 사용하는 것은 아니다. 인터넷은 위와 같은 순기능도 있지만, 그 이외에 역기능도 있다. 예컨대 일부이기는 하나 인터넷 게임과 말초신경을 자극하는 사이버 섹스에 관심을 기울이는 청소년들, 인터넷 도박에 몰입된 청장년들, 채팅으로 탈선한 가정주부들 등의 역기능을 배제할 수 있는 대책을 시급히 마련해야 하며 서민의 올바른 가치관 형성을 도와줘 건전한 사회발전에 기여할 수 있게 해야 한다.

그러나 위와 같은 사회적 병리 현상 속에서 이미 자란 비틀어진 군상들의 심리는 사랑으로밖에는 치유할 수 없다. 이 세상에 사랑이 메말라서 여러 가지 불미

스러운 일이 발생한다. 사랑은 모든 것의 기본이요 모든 것 중에서 제일이다. 신약성경에 "믿음, 소망, 사랑 그중에서 제일은 사랑이라"(고전 13:13)라고 했다.

우리의 삶 속에서 사랑이 숨 쉬고 있어야 너와 나의 생활이 윤택해진다. 따라서 부권 회복도, 좌절감에서 온 분노의 해소도, 올바른 가치관 형성도 사랑의 토대 위에서 이루어져야 한다고 생각한다.(2005. 03. 18)

내 주를 가까이하게 함은

작은아들 내외는 젖먹이를 할미에게 맡기고 오전 9시 예배를 드리러 교회에 갔다. 그리고 큰아들은 몸이 불편해서 서울에서 이곳 안양까지 와서 예배드리기가 어렵다고 말하면서 그곳 가까운 교회에서 예배를 드리겠노라고 전화가 왔다. 목소리를 들어보니 어젯밤과 별로 달라진 것이 없다. 몹시 피로한 목소리였다. 그래서 뜻대로 하라고 했다. 그리고 두 손녀도 감기로 콧물을 흘린다고 한다.

오늘 11시 반 예배 중에 이번 열네 번째로 국내 순교성지를 순례하고 온 성도님들이 특별 찬양을 했다. 그 찬양으로 은혜를 많이 받았다. 야곱의 꿈을 주제로 작사된 '내 주를 가까이하게 함은.....' 이렇게 시작하는 찬송인데 순교성지를 순례하고 오신 성령 충만한 성도님들이 부르는 찬송이라서 그런지 은혜를 많이 받았다.

나는 고등학교 때 '내 주를 가까이하게 함은'(Nearer My God To Thee. 364장)이란 찬송가를 배워서 자주 불렀다. 우연한 기회에 하나님을 섬기는 집에서 하숙했는데 그 집에 살면서 이 찬송가를 처음으로 배웠다.

나이가 어릴 때 배워서 그런지 아니면 그 찬송가가 맘에 들어서 그런지 그 찬송가만 부르면 특히 더 마음이 평안하다. 그래서 수시로 그 찬송가를 부르곤 한다.

수년 전에 서울에서 상영된 '타이태닉(Titanic)호'라는 영화를 관람했다. 이 배는 영국 화이트스타사(社)가 건조한 대형 호화여객선인데 1912년 대서양에서 500여 명의 승객을 태우고 항해하던 중 빙산에 부딪혀 침몰 사고를 당했을 때 그 배의 악기 연주자들이 침착하게 '내 주를 가까이하게 함은'이란 찬송가를 연주하는 것을 보았다. 그때 그 찬송가를 들으면서 가슴이 저리는 것 같은 느낌을 받았다.

또 나는 3년 전에 순교성지 순례 목적으로 전라남도 영광 염산교회를 찾았을 때 한국전쟁 당시 그 교회에서 77인이 순교하셨는데 그중에 노병재 집사님은 수장되기 전에 온갖 회유에도 굴하지 않고 마지막 바닷물에 수장되기 직전 '내 주를 가까이하게 함은'이란 찬송을 힘 있게 부르고 순교했다고 한다.

이 찬송가는 영국 아담스(S. F. Adams. 1803~1848) 여사가 1841년에 작사했으며 그녀는 연극배우였는데 건강을 해치는 바람에 연극 무대에서 은퇴하게 되었고 그 뒤에 많은 찬송시를 작사했다고 한다. '내 주를 가까이하게 함은'이란 찬송시의 배경은 창세기 제28장 제10절에서 22절까지 말씀이며 야곱이 브엘세바(Beersheba)에서 하란(Haran)으로 가다가 해가 저물어 유숙하려고 그곳에서 돌베개를 베고 꿈을 꾸는 이야기이며 노랫말은 어떠한 고난이 있더라고 죽을 때까지 주님을 찬송하면서 주님께 더 가까이 가겠다는 내용이다.

이 곡의 작곡자는 미국의 찬송가 작곡가인 마이슨(I. Mason. 1792~1872)이다. 그는 미국 교회 음악 발전에 크게 공헌하였다고 한다.(2005. 10. 16)

우물가

우리 교회 건물 바로 옆자리에 자리 잡은 건물에 교회 쉼터가 생겼다. 사람들이 꽤 오가는 길옆의 건물 1층에 자리 잡았으며 인테리어를 멋있게 하고 필요한 집기를 들여놓고 고급 카페처럼 만들었다. 좌석이 40여 석밖에 되지 않는 알뜰한 공간이다. 이곳에서 우리 교회 성도들이 사랑의 교제도 나누고 이름 그대로 목마른 영혼들이 생수를 마실 수 있는 쉼터가 돼서 복음을 전하는 곳이 되었으면 좋겠다.

그 쉼터의 이름을 '우물가'라고 지었다고 한다. 이 우물가에서 생수를 먹고 1주일에 한 영혼이라도 구원의 길로 인도한다면 1년에 최소 50여 명 정도를 전도할 수 있다는 계산이 나온다. 계산대로 되는 것은 아니겠지만, 기도하면서 전도에 힘써야 할 것이다. 나는 이 쉼터의 공간이 좁아서 개장 예배에 참석하지 못하고 우리 교회 홈페이지에 '우물가'라는 제목으로 다음과 같은 글을 올리었다.

"우리 교회 쉼터가 완성되어 새 단장을 하고 오늘 오후 2시에 개장했는데 이 쉼터의 이름을 '우물가'라고 부르기로 했다고 합니다. 왜 쉼터를 '우물가'라고 했을까? 성경에 '우물가'라는 단어는 창세기 24장 30절을 비롯하여 몇 곳에서 기록이 있습니다. 그러나 우리 교회 쉼터의 '우물가'는 요한복음 4장 6절의 "거기(사마리아에 있는 수가)에는 야곱의 우물이 있었다. 먼 길에 지치신 예수께서는 그 우물가에 가 앉으셨다. 때는 이미 정오에 가까웠다."라는 말씀 중에 나오는 '우물가'입니다.

유대인들은 사마리아 사람들을 경멸하여 유대와 갈릴리 지방을 오갈 때 사마리아 지방을 피해 베레아 지방으로 돌아서 다니곤 했습니다. 그런데 예수님께서는 "사마리아로 통과하여야 하겠는지라"(요 4:4)라고 말씀하셨습니다. 예수님께서는 의도적으로 그곳을 찾아가셨습니다. 그 이유는 무엇일까요? 그들의 영혼을 구원하려고 가셨지요. 여기에서 예수님의 적극적인 전도의 자세를 배워야 합니다. 전도는 믿지 않는 영혼을 찾아가서 하는 것입니다.

예수님이 사마리아 여인에게 "물 좀 달라"(요 4:7)고 하신 것은 아주 파격적인 요청입니다. 그 파격적인 요청에 사마리아 여인은 "당신은 유대인으로서 사마리아 여자인 내게 물을 달라고 하나이까"(요 4:10)라고 물었습니다. 이렇게 하여 예수님과 사마리아 여인 사이에 자연스럽게 대화가 이루어진 것을 알 수 있습니다. 대화는 마음의 문을 여는 첫걸음입니다. 바로 이것이 전도의 첫걸음입니다.

우리 교회 쉼터인 '우물가'에 많은 생수가 흐를 것이며 많은 사마리아 여인들이 물을 길어 오길 기대합니다. 이 '우물가'에서 커피잔 위에 따스한 사랑을 실어 영원히 마르지 않은 생수를 마시게 하고 이 '우물가'가 영생을 얻을 수 있게 하는 사랑의 장, 전도의 장이 되기 바랍니다. 열매는 하나님께서 거두실 것입니다. 헌신하시는 분들에게는 하나님의 축복이 함께하시길 기원합니다."라고 썼다.

예수님께서 의도적으로 사마리아 수가농촌 우물가에 가셔서 물을 길어 온 사마리아 여인에게 "물 좀 달라"고 요청했다. 예수님께서 그곳에 직접 찾아가신 것은 말씀을 전하고 영혼을 구원하기 위해서이다. 신약성경에 "그러므로 믿음은 들음에서 나며 들음은 그리스도의 말씀으로 말미암았느니라"(롬 10:17)라는 말씀이 있다. 아무리 말씀이 좋아도 읽지 않고 듣지 않고는 알 수 없다. 그래서 "오직 성령이 너희에게 임하시면 너희가 권능을 받고 예루살렘과 온 유대와 사마리아와 땅끝까지 이르러 내 증인이 되리라 하시니라"(행 1:8)고 하셨다. 여기에 전도해야 할 이유를 찾을 수 있다. 즉 말씀을 전하려면 앉아서 할 것이 아니라 적극적으로 찾아다니면서 말씀을 직접 전해야 한다.

그런데 우리 교회는 전도의 한 방법으로 '우물가'라

는 쉼터를 만들어 놓고 그곳에 찾아오는 영혼을 구원하겠다는 생각에서 이루어진 것이다. 어떤 의미에서는 소극적인 전도방법이지요. 예수님께서 수가농촌에 가신 것은 직접 믿지 않는 영혼을 친히 찾아가셔서 말씀을 전하셨다. 그러므로 우리는 예수님이 하신 전도방법에 따라서 믿지 않는 영혼을 찾아가서 말씀을 전하여야 하며 믿지 않는 자들이 우물가에 찾아오길 기다려서는 아니 된다. 복음은 적극적으로 직접 바르게 전하여야 한다.(2009. 07. 05)

하나님 말씀의 힘

이발한 지가 한 달이 넘은 것 같아서 이발소에 갔다. 내가 이곳 관악산 양지바른 곳으로 이사 온 지가 10년이 되었다. 그때부터 한 이발소를 정해 놓고 다니다 보니 이제는 단골이 되었다. 그래서 그 이발소 이발사와는 이웃 친구와 같은 사이가 되었다.

이발하러 가면 가정 이야기도 하고 세상 이야기도 한다. 이발사는 여러 손님과 대화를 나눠서 그런지? 아는 것도 많고 입담도 좋아서 세상 돌아가는 일에 관하여 구수하게 이야기를 잘하는 편이다.

오늘은 이발하면서 "내 머리카락이 많이 빠졌지요?"라고 말했더니 그 이발사는 "아저씨의 머리숱은 많은 것도 아니고 그렇다고 적은 것도 아니며 연세에 비하면 적당하다."고 말하면서 머리 센 것도 그렇다고 말했다. 내 머리카락이 센 것에 관해 이발사의 말에 따르면 아저씨의 머리카락 센 것은 귀밑 머리카락, 정수리 머리카락 등 특정한 부위를 몰아서 세지 않고 머리 전체가 골고루 세셨다고 한다. 그 이발사가 나에게 한 말은 사업상 손님이 기분 좋아지라는 허례(虛禮)의 말은 아닌 것 같다. 그것은 우리 집사람도 나의 머리숱과 머리카락이 센 것을 이발사와 비슷하게 말했기 때문이다.

나는 이발사의 말에 이어서 머리카락이라든가, 치아, 시력, 청력 등 몸 전체가 선대로부터 유전해 온 것이라고 말했다. 그래서 키가 작은 집안의 자녀들은 키가 작고 장수하는 집안의 후손들은 장수하는 사람이 나오는 법이라고 말했다. 옛날에 우리 어머님의 치아가 좋지 않아서 고생을 많이 하셨는데 나도 치아가 좋지 않아서 임플란트를 여러 개했다고 말했다.

그 이발사는 "그렇지요. 콩 심은 데 콩 나고 팥 심은 데 팥 나지요."라고 응수했다. 나는 그에 관한 말에는 개의치 않고 범위를 좀 넓혀서 부모를 닮는 것은 그것뿐이 아니지요. 부모의 마음 씀, 말과 행동, 음식에 대한 선호 등을 그대로 닮아요. 부모의 말이 공손하면 자녀의 말씨가 공손하고 그 말씨가 거칠면 자녀의 말씨도 거칠며 술 먹고 행패 부리는 아비의 아들은 제 아비의 행패 부리는 것을 대부분 닮지요.'라고 말했다. 그리고 그다음에 면도하게 돼서 나는 눈을 감고 계속 비슷한 생각을 했다.

'부모가 음식을 짜고 맵게 먹으면 자녀들도 그렇게 먹어서 부모가 음식을 잘못 먹어서 생기는 위암, 대장암 등이나 고혈압 등을 자녀들이 대개 닮는다. 그래서 종합건강검진을 받을 때 병원에서 문진표(問診表)의 작성을 요구하는데 여기에 부모의 병력을 묻는 항목이 있다. 그것은 발병이 유전적인 것도 있겠지만, 음식문화와 밀접한 관련이 있다는 것을 의미한다고 생각한다.

그것 이외에 이웃, 교우, 학교환경, 사회구조 등도 사람의 인격 형성에 많은 영향을 미친다고 생각한다. 이러한 인문환경을 나는 제2의 유전자(DNA)라고 부르고 싶다.

그래서 자녀는 어떠한 부모에게서 태어나서 어떠한 환경에서 자랐느냐? 가 아주 중요하다고 생각한다. 좋은 부모를 만나고 좋은 환경에서 자란 경우 바른 생활로 평탄한 삶을 누릴 수 있다. 옛날 정혼(定婚)하던 때에 혼삿말이 오가면 상대방의 가문이 어떤 집안이냐? 고 묻었고 그 밖에 신부 될 규수의 외할머니까지 선을 보아야 한다는 말이 있었다. 이것은 혼인대상자의 인문환경을 폭넓게 알아보자는 것이다.

좋지 않은 환경에서 자란 아이들은 처음부터 삐딱해서 건전한 사회에서 삶이 쉽지 않다. 그래서 교육적 측면에서 "문제의 학생 뒤에는 문제의 부모가 있다." 라는 말이 있고 "친구를 잘 사귀어야 한다."는 말도 있다. 그것은 교육환경이 좋지 않은 곳에서 자라난 아이들은 문제를 안고 있다는 말이다.

그러면 이렇게 좋지 않은 환경에서 살아온 문제아들은 어떻게 치유할 수 있을까 하는 문제에 봉착한다.

비록 가정교육을 부실하게 받았다고 하더라도 학교 교육과 사회교육을 잘 받으면 부족한 점을 보충하고 잘못을 고칠 수도 있다. 이것이 바로 교육의 힘이다. 교육을 잘 받을 때는 새 사람이 될 수 있다. 그 교육하는 선생님이 헌신적으로 노력하여야 하며 학생을 바른 길로 인도하는 지혜가 있어야 한다. 다시 말하면 피교육자가 새로운 길을 찾을 수 있는 비전(vison)을 제시하여야 한다. 그래서 선생님을 잘 만나는 것도 복이다.

그리고 부모가 선생님인 가정은 아들딸도 대개 선생님이 되고 의사인 때는 그 아들딸이 의사인 경우도 있으며 그 아버지가 목사인 때는 대대로 후손이 목사인 경우가 많다. 이런 것들은 다 인문환경의 지배를 받아서 그렇다고 할 수 있다.

그런가 하면 "개천에서 용 난다."는 우리나라 속담이 있다. 어려운 환경에서 이를 극복하고 열심히 노력하여 출세했다는 말인데 그것은 옛날 말이다. 지금은 부모가 자식들이 용이 될 수 있는 환경을 만들어 준다. 옛말에 "망아지는 제주도로 보내고 사람의 자식은 서울로 보내야 한다."라는 말이 있다. 교육받기에 좋은 환경으로 보내라는 뜻이다. 대표적인 예로 재력 있는 부모들은 자기 자식을 서울 강남 명문학원에 보내서 과외를 시키거나 무슨 특목고에 진학시킨다. 이런 것들이 다 부모들이 좋은 인문환경을 만들어주는 것이다. 맹모의 3천지교(三遷之敎)가 바로 좋은 환경, 용을 만드는 환경을 찾아서 이사한 것이다. 그만큼 자녀교육에 인문환경이 중요하다는 것이다.

좋지 않은 인문환경에서 자란 사람들은 건전한 사회에 적응하기 쉽지 않다. 이러한 사람들을 치유할 수 있는 분과 또 좋은 환경에서 자랐다고 하더라도 건전한 사회에 적응할 수 없는 사람들에 대해 이들을 바르게 인도하시는 분은 오직 하나님밖에는 없다.

하나님은 우리의 생사화복(生死禍福)을 주관하시는 전지전능하신 분이시다. 여기에서 하나님의 실체인 말씀으로 양육하여 믿음으로 무장할 때 새 사람이 될 수 있다. 믿음으로 가는 길은 하나님의 말씀에 따라 싹트고 자라며 꽃이 피고 열매를 맺는다. 이러한 생각을 하는 동안 이발사의 면도가 끝이 났다.(2009. 10. 10)

만남의 축복

우리는 살아감에 따라서 만남이 중요하다는 것을 느낄 수 있다. 널리 알려진 이야기인데 지금으로부터 60여 년 전에 "20대 중반의 사장이 낡은 트럭 한 대를 끌고 미군 영내 청소를 하청하여 사업을 시작했다. 처음에는 운전하는 일을 맡아서 물건을 싣고 인천에서 서울로 올라오는 길이었다.

그런데 한 외국 여성이 길가에 차를 세어놓고 난처한 표정으로 서 있는 모습이 보였다고 한다. 그냥 지나치려다 차를 세우고 사정을 물어보았더니 차가 고장이 났다며 난감해했다. 그는 무려 1시간 30여 분 동안이나 고생하며 그 승용차를 고쳐주었다고 한다.

그랬더니 그 외국 여성은 고맙다면서 상당한 금액의 돈을 내놓았으나 그는 그 돈을 받지 않고 "우리나라 사람들은 이 정도의 친절은 베풀고 지냅니다."라고 말했다고 한다. 그러면 주소라도 알려달라고 조르는 그 외국 여성에게 그는 자기 주소만 알려주고 돌아왔다고 한다.

그다음 날……그 외국 여성은 남편과 함께 찾아왔다. 그 남편은 바로 미 8군 사령관이었다고 한다. 그

녀의 남편인 미 8군 사령관은 그에게 직접 돈을 전달하려 했지만, 그는 끝내 거절했다. "명분 없는 돈은 받지 않습니다. 꼭 저를 도와주시려면 명분 있게 도와주시오."라고 말하니 그 사령관은 "명분 있게 도와주는 방법이 무엇입니까?"라고 물었다고 한다.

그래서 "나는 운전사입니다. 그러니 미 8군에서 나오는 폐차를 내게 주시면 그것을 인수해서 수리하고 그것으로 사업하겠소. 폐차를 인수할 수 있는 권리를 내게 주시오"라고 말했다고 한다. 그 사령관은 그것은 일도 아니며 고물로 처리하는 폐차를 주는 것은 어려운 부탁도 특혜도 아니었다. 오히려 폐품처리를 해주는 고마운 일이었다. 그렇게 해서 만들어진 기업은 커갔으며 바로 이것이 "한진그룹 탄생 비화"라고 한다. 오늘날 거대한 대한항공을 거느린 이 한진그룹은 위와 같은 인연에서 시작되었다고 한다.

지난 5월에 생질녀가 자궁에 이상이 있는 것 같아서 주치의의 출장으로 다른 의사의 검진을 받았는데 자궁 내막에 이상이 없으며 아직 괜찮다고 하면서 지켜보자고 했으나 그다음 주치의가 돌아왔을 때 진단해보니 자궁 내막 암(1기 b)이라고 하면서 개복수술을 받은 일이 있다. 5월에 만나서 진단해준 그 의사와의 만남은 잘못된 만남이었다. 의료계통에 이런 잘못된 만남이 있어서 사람이 고생하는 경우도 있고 죽는 경우도 있다.

우리 집사람이 월여 전에 감기라고 해서 감기약을 먹었는데 기침은 그대로고 가래가 나오고 코가 심히 막히고 머리까지 심하게 아파서 축농증이 아닌가 하는 의심도 생겨서 어제 이비인후과에서 진찰을 받은 결과 축농증은 아니고 감기인데 알라지성 질환과 겹쳤다고 하면서 처방해주었다.

집사람은 그 처방에 따른 약을 먹고 출근했다가 늦게 귀가했는데 좀 나아지더니 밤에 잠자고 난 뒤에 기침도 코 막힘도 갈래도 별로 없었다. 이비인후과에서 처방을 바르게 내려서 제대로 약을 먹었다. 그래서 월여 고생했는데 병이 잡히고 오늘은 가벼운 맘으로 출근했다. 그 만남이 제대로 만난 것이다. 그전 생질녀의 만남은 제대로 만나지 못해서 고생을 많이 했다고 생각한다.

가장 좋은 만남은 성경에 있는 다윗과 요나단의 만남이다. 이들의 만남은 좋은 우정 관계를 이루게 한 축복의 만남이다. 집사람은 전부터 자식들에게 만남의 축복을 달라고 기도하고 있다. 우리가 하나님을 만난 것 자체가 축복이다. 이 관계를 감사하게 생각하면서 하나님을 닮아가려고 최선을 다하여야 한다. (2013.11.09.)

노인의 군소리

나는 감기로 새해를 맞았다. 10여 일을 앓고 나니 가래가 나오기는 하나 그래도 몸이 좀 가벼워서 인터넷을 통하여 신문 등을 읽으면서 세상 돌아가는 것을 살펴보았다. 그런데 이 메일로 실려 온 화면에 농촌의 초가집 뜰에서 머리에 흰 수건을 두르고 열심히 일하시는 할머니 모습을 보다가 옛날 나의 할머니를 생각했다.

그 시절 할머니께서 혼자 바가지에 담긴 풋동부를 까시면서 하셨던 슬픈 소리가 생각났다. 그리고 이웃집 할아버지가 한여름에 서늘한 정자나무 밑에 홀로 앉아서 타령 아닌 슬픈 소리를 낮게 그리고 길게 내었던 생각도 났다. 그때 그것이 군소리임을 세월이 한참 흐른 뒤에야 알았다. 그때 군소리를 하신 할아버지께 "할아버지! 그게 무슨 소리인데 그렇게 하세요?"라고 물은 기억이 나는데 "그냥 그렇게 소리를 냈다."라고 하실 뿐 더는 설명하지 않으셨다.

그 군소리를 사전에서 찾아보니 "하지 아니하여도 좋을 쓸데없는 말, 잠이 들었을 때 꿈결에 하는 말, 몹시 앓을 때 정신없이 하는 말"이라고 풀이했다. 우리 할머니나 이웃집 할아버지께서 하신 군소리는 맨 첫 번째 풀이인 "하지 아니하여도 좋을 쓸데없는 말(소리)"에 해당하는 것 같다.

그러나 나는 그것을 '쓸데없는 소리'가 아니라 '곡조가 붙은 쓸 데 있는 음률(音律)'이라고 생각한다. 누가 가르쳐 준 것도 아닌데 그 소리의 흐름은 공통으로 '으응……'이렇게 길게 반복해 흐르는 콧소리이다. 그 음률은 내가 살면서 원했던 것을 이루지 못한 한(恨)에 대한 슬픈 노래라고 생각했다. 거기에는 고달팠던 삶에 관한 괴로움도 얽혀 있을 것이다. 그러나 세사에 분주한 사람들에게는 그런 군소리가 없다고 생각한다.

노인들이 다 그런 것은 아니겠지만, 일반적으로 '하고 싶었던 것을 하지 못하고 살았다'는 후회와 '인제는 늙어서 하고 싶은 것을 이룰 수 없다'는 체념이 어우러져 군소리로 나타났다고 생각한다. 그러니까 군소리가 쓸데없는 말(소리)이라고 해서는 정확한 정의라고 말할 수 없다.

인간은 선악을 알게 한다는 선악과를 따먹으려는 마음속에 욕심이란 것이 생겼으며 그 과일을 먹은 불순종 때문에 에덴동산에서 추방당하게 되었다. 그 욕심은 무엇인가 하고자 하는 것에 대한 집착이다. 그러나 그 욕심이 채워지지 않는 데에 문제가 생긴다.

원래 욕심은 다 채워지지 않으며 욕심은 욕심을 또

부른다. 더 많이 가지고 싶은 것, 더 높은 벼슬을 하고 싶은 것, 이른바 끝도 없는 자아실현을 위하여 매진하는 것 등 많은 것이 우리 앞에 놓여있다. 이러한 욕심을 채우려는 집착이 결국, 죄악의 뿌리가 되었다고 생각한다.

우린 할머니가 안방에 혼자 계실 때나 이웃 할아버지가 한여름에 정자나무 밑에서 혼자 계실 때 읊는 군소리에 귀를 기울이어야 한다. 세상을 떠나시기 전에 그 마음속에 서려 있는 한을 풀어드려야 한다. 저 한을 안고 이 세상을 떠나시게 해서는 아니 된다. 얼마나 마음이 아프겠냐? 평안한 마음으로 가시게 하여야 한다.

그래서 우린 그 노인들에게 인생의 허무(虛無)를 설명하여야 한다. 한때 파란만장(波瀾萬丈)했던 어느 노정객(老政客)은 구순을 맞아 "인생은 허무하다."고 말했다고 한다. 그는 정계의 상층부에서 세상을 주름잡았던 인물이다. 어차피 인생은 허무로 끝난다. 젊었을 때 화려했던 꿈을 실현하지 못하고 그대로 지니고 왔거나 그 꿈을 실현하였다고 하더라도 인생은 허무하다. 이 허무함을 진정으로 알 때 그 회한은 자연스럽게 사라진다. 그래서 허상의 굴레에서 속히 탈피하여야 한다.

그러기 위해서는 노인들과 진정한 소통이 필요하다고 생각한다. 군소리하는 노인들은 대화의 문을 잘 열지 않는다. 애써 열어도 속내를 말하려 하지 않는다. 그렇다고 하더라도 노인들의 마음속 깊이 새겨진 한을, 실타래를 풀듯이 풀어내고 그 빈자리를 하나님의 말씀으로 채워 넣어드려야 한다.

인간이 떠나온 에덴동산을 맘에 품고 살아야 한다. 그 동산은 하나님께서 친히 만드신 평화롭고 풍요로운 하나님의 동산이고 죄도 욕심도 없는 복된 곳이다. 욕심 때문에 우리 인생은 얼마나 고달팠던가? 결국, 이루지 못한 아쉬운 한을 품고 군소리를 내지 않는가? 신약성경을 보면 "너희는 유혹의 욕심을 따라 썩어져 가는 구습을 따르는 옛사람을 벗어 버리고 오직 너희의 심령이 새롭게 되어 하나님을 따라 의와 진리의 거룩함으로 지으심을 받은 새 사람을 입으라"(엡 4:22~24)라고 하였다.

하나님의 신실한 백성은 군소리가 없다. 여기에는 기도 소리와 찬양 소리가 들릴 뿐이다. 믿지 않는 영혼에 말씀을 전하여 새 사람을 만들어야 한다. 특히 노인들의 입에서 군소리가 아니라 하나님께 드리는 기도 소리, 하나님을 찬양하는 노랫소리가 흘러나와야 한다. 안방에서도 한여름의 정자나무 밑에서도 찬양이 흘러나와야 한다.

원래 인간은 피조물이다. 피조물이 절대자가 될 수 없는 것처럼 삶을 완벽하게 산 사람은 없다. 그러므로 피조물인 나를 인정하고 하나님께로 돌아가 하나님을 닮아가는 삶을 누리어야 한다. (2016. 01. 09.)

한국의 최초 성경 전래지 마량포에 다녀와서

◇ 이 말씀은 곧 하나님이시니라.

성경을 보면 "믿음은 들음에서 나며 들음은 그리스도의 말씀으로 말미암았느니라"(롬 10:17)라고 쓰여 있다. 이 말씀은 하나님의 실체를 말한 것이다. 일반적으로 "공평하신 하나님", "사랑의 하나님", "자비로우신 하나님", "전능하신 하나님" 등의 말씀이 있으나 이것으로는 하나님이 어떤 분이신지? 그 실체를 파악할 수 없다. 그러나 성경에 "말씀하시는 하나님" 또는 "하나님의 말씀"이라고 쓰여 있는데 그 "말씀"에서 하나님의 실체를 찾아볼 수 있다고 생각한다. 말씀이 곧 하나님이란 뜻이다. 요한복음 제1장 제1절 "태초에 말씀이 계시니라 이 말씀이 하나님과 함께 계셨으니 이 말씀은 곧 하나님이시니라"라고 쓰여 있다.

그 말씀을 기록한 책, 즉 성경이 우리나라에 최초로 전래된 곳을 찾아보고자 한다. 우리나라에 성경이 전래된 뿌리를 찾으려면 누가 언제 어떠한 성경을 어느 곳에서 누구에게 전했는가? 를 살펴보아야 한다. 우리나라에 최초로 전해진 영문성경뿐만 아니라, 한문성경과 한글성경(국문성경)도 함께 검토하고자 한다.

전에 우연히 충청남도 서천군 서면 마량리 마량포(馬梁浦)에 최초 성경 전래지가 있다는 말을 들었고 「한국 기독교의 역사 I」란 책을 읽다가 충청도 홍주만(지금 보령시 오천면 삽시도리) 고대도(高代島)에 성경이 전래되었다는 정보를 입수한 뒤, 먼저 마량포를 찾아 수년 전 경기도 수원에서 서천행 기차를 탔다. 두 시간 반쯤 걸려서 서천역에 도착하여 미리 나와 대기하고 있는 친구와 같이 막 바로 마량포에 갔다.

가는 길은 에스자형 2차선 도로인데 그 도로를 정비하고 있었다. 그러나 해안 도로에 접어들자 그 길은 정비를 잘해서 승용차가 다니기에 불편함이 없었다. 바닷가의 모습은 태안반도 내 고향의 그것과 비슷해서 정감이 있었다. 천연의 개펄과 어선 그리고 어망, 그런 것들이 비슷했고 바다에서 불어오는 갯내음을 실은 바람은 내 고향의 그것과 꼭 닮았다.

우리는 해안도로를 따라 서천 마량진 포구에 2016년에 건축한 「성경전래지기념관」을 찾았다. 그 기념관은 지하 1층, 지상 4층 건물로 아담하게 잘 지었다. 그 기념관에 들어서서 엘리베이터를 타고 지하층에 내려가서 살펴보았다. 그런 뒤에 다시 1층으로 올라와서 직원의 안내를 받으며 1층과 2층의 전시물을 보살펴 보았다.

그동안 문헌을 통하여 알아본 내용과 성경전래지기념관에서 보고 들은 설명을 종합하여 정리해보았다. 성경 전래의 배경은 영국 산업혁명(1760년) 이후 종래의 수공업이 기계공업으로 바뀌었고 상품의 종류도 다양하지만, 상품의 다량생산체제로 바뀜에 따라서 상품의 대량생산 시대로 접어들었다. 이에 따라서 새로운 시장의 개척과 원료의 조달이 급선무로 대두하게 되었다. 그래서 그들의 손이 동남아시아는 물론 극동아시아까지 뻗치게 되었다.

그 결과가 영국의 동인도회사(東印度會社)가 바로 그것이며 우리나라 서해안 일대를 답사하고 해도(海圖)를 작성하려고 그들의 함대가 와서 정박하고 일했으며 그 함대에 승선한 함장이 우리나라에 처음으로 영문성경을 전하게 되었다.

◇영문성경의 전래

우리나라 최초 성경 전래지이자 서해안에서 유일하게 해돋이를 볼 수 있는 마량포구는 주변에 마량리 동백나무 숲이 있고 1902년 아펜젤러(Henry G. Appenzeller)가 성경 번역을 위해 목포로 항해하던 중 선박 충돌사고로 순직해서 그를 추모하려고 세운 아펜젤러순직기념관(Appenzeller Memorial Mission hall)이 있으며 그 기념관 바로 왼쪽에 성경전래지기념관이 있다. 이 기념관에 전시된 전시물을 통하여 쉽게 우리나라 최초 성경 전래의 역사를 알 수 있다.

영국 함선의 마량진 도래와 성경 전수는 순조(純祖)실록 권 19 국사편찬위원회 편 조선왕조실록(朝鮮王朝實錄) 제48권에 따르면 순조 16(1816년)년 7월 19일에 충청 수사(忠淸 水使) 이재홍(李載弘)이 충청도 마량진 갈곶 밑에 이양선(異樣船) 2척이 정박한 것을 장계(狀啓)로 보고했다.

1816년 9월 4일과 5일(음 7월 18일과 19일), 영국의 함선 알세스트(Alceste, 함장 Murry Maxwell) 호와 리라(Lyra, 함장 Basil Hall) 호가 비인 현 마량진 앞 갈곶에 정박했다. 이 배는 그해 영국 정보에 따르면 중국에 파견하는 사신을 태우고 중국에 도착하여 이들 일행을 광둥(廣東)에 내려놓고 대기하는 동안 본국 훈령에 따라 조선의 서해안 일대를 탐험하면서 해도를 작성하는 중이었다.

이들 두 척의 배가 마량진에 정박했을 때 마량진 첨사(僉使) 조대복(趙大福)과 비인 현감(縣監) 이승렬(李升烈)이 승선·조사하고 모두 세 권의 책과 몇 개 문서를 받았는데 그 받은 책이 다름 아닌 성경이었다고 한다. 부연하면 다음과 같다.

9월 4일에는 노 대관 한 사람(조대복)이 몇몇 종자를 거느리고 리라 호와 알세스트 호를 차례로 승선·조사하였고, 그 이튿날에는 새벽부터 어제 조대복과 종자 이승렬이 문정(問情)했는데 이날 그들은 선실에 서가에 가득한 책들과 지구의(地球儀), 천구의(天球儀) 등을 보면서 신기한 태도를 보였다.

이승렬은 아담하게 정리된 서가를 보면서 그중 책 한 권을 뽑아 갖기를 원했는데 그것이 바로 대영백과사전 전질 중의 한 권이어서 주지 못하고 그 대신 다른 책 한 권을 주었는데 그것이 성경이었다고 한다. 성경전래지기념관에 근무하는 직원에게 그 당시 받았던 성경의 이름을 문의하였더니 그 성경은 킹 제임스 성경 초판(King James Bible first edition)인데 이미 없어졌고 그 기념관에 비치된 성경은 다른 영문성경이라고 알려주었다.

정박했던 함선이 해도 작성을 끝낸 이들이 출항하려 할 때 첨사 조대복은 며칠 더 기다리면 장계(狀啓)에 대한 조정의 답신이 있을 것이라고 했다. 그러나 리라 호가 이미 출발했기 때문에 알세스트의 함장 맥스웰은 더 기다릴 수가 없었다. 아쉬워하는 첨사에게 맥스웰은 책 한 권을 선물로 남기고 떠났는데 그것도 영문성경이었다고 한다. 조대복은 처음에 아무런 선물도 받지 않으려 했을 뿐만 아니라, 이 책을 주려 했을 때 거절했다. 그러나 선실을 떠날 때 맥스웰이 다시 권했더니 사양하지 않고 감사한 표정으로 받았다고 한다.

첨사에게 성경을 준 기록에 관해 영국 측은 "그는 어떠한 선물도 받으려 하지 않았지만, 우리의 친절에 무척 기뻐하고 어느 정도 속이 풀려서 우리가 성경을 그에게 주었더니 감사한 마음으로 받아서 퍽 우정적인 작별을 고하였다."(한국최초성경유입기념사업회 발기인대회, "성경유입참고 문헌" 참고)고 한다.

그러나 충청 수사 이재홍의 기록에는 그 표현이 다르다. 두 기록에는 약간의 차이가 있다. 조선 측 자료는 충청 수사 이재홍이 두 사람으로부터 받은 것으로 보이는 것이 책 세 권에 약간의 문서가 있었다고 한듯하다. 그러나 영국 측 자료는 두 권의 성경을 당시 조대복과 이승렬에게 각각 준 것만 밝히고 있다. 당시 영어를 제대로 알지 못하는 조선 관리(官吏)는 자기들이 받은 것이 성경인지를 알지 못했지만, 영국 측 기록에 따르면 이때 준 것이 성경임을 알게 되었다.

1816년 9월 마량진에 일시 정박한 영국 함선은 이미 위에서 말한 바와 같이 성경을 전해주고 갔다. 그 성경의 전수가 한국사와 한국 기독교사에서 갖는 역사적인 의미는 어떤 것일까? 이 점에 관하여 한국에 기독교의 전래와도 관련이 있을 것이다. 마량진 사건 이전에 조선에 성경이 전래하였을 가능성과 실제로 남겨진 기록은 아직 발견되지 않았다. 따라서 현재까지 연구나 기록의 발견으로 봐서, 마량진 사건은 한국 최초의 성경 전수 사건이라고 할 수 있다. 그러나 이 사건은 그 뒤에 복음전파의 열매를 맺는 과정과 연결되었는가? 하는 점이 확인되지 않기 때문에 '최초의 성경 전수 '라는 뜻만 누리고 있는 것은 사실이다.

◇한문성경의 전래

19세기에 몇 차례에 걸쳐 유럽 계통의 개신교 선교사가 조선을 찾았다. 제일 먼저 우리나라를 찾은 선교사는 1832년 유대계 독일인 칼 귀츨라프(Karl Fredrch August Guetzlaff. 1803~1851) 목사와 1865년 조선에 왔다가 그 이듬해에 죽임을 당한 영국인 토마스(Robert Jermain Thomas. 1840~1866) 목사이다.

귀츨라프가 승선한 상선 선장은 1832년 7월 23일에 충청도 홍주만 고대도(高代島)에 상륙하여 국왕에게 바치는 통상청원문서와 선물을 보냈으나 거절당하였다. 귀츨라프는 이곳에서 한문성경(漢文聖經)을 주민에게 나눠주며 기독교를 전파하려 하였으나 실패하고, 감자재배법과 포도재배법을 가르쳐 준 뒤, 약 1개월 만에 마카오(Macao)로 돌아갔는데 그는 중국 해안항해기(Journal of three voyages along the coast of China in 1831, 1832 and 1833)을 남겼다. 그가 한문성경을 가져올 수 있었던 것은 영국 런던 선교회 소속 기독교 신파인 로버트 모리슨(Robert Morrison. 1782~1834) 선교사가 중국어로 번역한 「한문성경」이 있었기 때문에 가능했다.

모리슨 선교사는 중국에 입국한 지 6년만인 1813년에 중국어로 신약성경(문리역 한문성경)을 번역해서 광저우에서 2천부를 발간했으며 그 이후 밀렌(Rev. William Milne)과 함께 구약성경을 번역하여 1823년 「신천성서」(神天聖書)라는 이름으로 중국어 신구약성서를 출간하였다. 이처럼 그의 선교사역은 성서와 성서와 관련된 소책자를 중국어로 번역하고 편찬하는 데 있었다.

모리슨 선교사는 중국 선교와 문화발전을 위하여 영화학당(英華學堂)을 건립하고 인쇄소를 세워서 성경과 정기간행물도 발간하기도 했다. 특히 중국어 신약성서의 인쇄출판은 중국뿐만 아니라 한문권 아시아 국가에 대한 선교에 큰 획을 그었다고 생각한다. 그의 번역성경으로는 1853년 수정 보완한 신약성서, 1854년 구약성서도 발간하였다.

조선에 한문성경을 전래한 분으로서 대원군의 쇄국정책과 천주교 박해 정책이 추진되고 있을 때 두 차례나 조선에 방문한 적이 있는 토마스 목사이다. 그는 런던선교회의 파송을 받아 중국 상해에 왔으나 그의 아내 케럴라인(Caroline)의 죽음과 상해 주재선교 책임자 무어헤드(Wm. Muirherd)와 불화로 런던 선교회를 사

임하고, 잠시 해관(海關)에서 근무한 적이 있다. 그 뒤 스코틀랜드 성서공회 윌리엄슨(Williamson) 선교사의 도움을 받아 1865년 9월 13일 한국에 와서 2개월 반 동안 중국어 성경을 나눠주고 복음을 전했으며 그 이듬해 1866년 8월 16일에는 미국 상선 제너럴셔먼(General Sherman)호에 승선하여 향도 자격으로 대동강을 타고 올라왔다.

이 상선은 조선에 통상을 요구했고 대원군의 쇄국정책에 따라 평안 감사(平安 監司) 박규수(朴珪壽)는 퇴각을 요구했으나 이를 무시했다. 이러한 분위기 속에서 상선이 며칠 동안 양각도(羊角島) 모래톱에 좌초되었다. 이에 제너럴셔이만 호에 화공(火攻)이 전개되어 토마스 일행은 뭍에 내리지 않을 수 없었다. 격분한 군민(軍民)은 이들을 결박하여 타살하니 한 사람도 남지 않았다. 결국, 그 상선을 불태워 침몰시켰다. 이때 토마스 선교사는 한문성경을 가지고 대동강 뭍에 내려 자기를 죽이려 한 자에게 성경을 건네고 복음을 전했으나 그 해 9월 2일에 대동강 강가에서 죽임을 당했다. 그때 그의 나이가 27세였다.(한국교회사 61, 62면. 1994. 참조)

◇한글성경의 전래

서양의 복음 선교사가 우리나라에 오기 전에 성경은 한글로 먼저 번역되었고 번역된 한글성경(국문성경)은

용감한 조선인 선배 신자들에 의해서 조선반도 안으로 전래되어 개종의 역사가 일어나게 되었다는 것은 많이 알려지지 않았다. 이 역사는 먼저 중국 만주 지방을 통해 일어났다.

1872년 8월 말에 선교사 존 로스(John Ross. 1842~1915)와 그의 매제(妹弟)인 존 맥킨타이어(John McIntyre)는 스코틀랜드 성공회에서 만주로 파송되었다. 1874년 로스와 맥킨타이어는 지푸의 선교지부를 만주 간도 고려문(高麗門)까지 옮겼다. 로스 선교사는 어학 선생을 여러 차례 구하려고 시도하다가 의주 상인 이응찬(李應贊)을 만났다. 1877년 로스 선교사는 한글로 성경을 번역하기 시작했는데 이때 이응찬과 한두 명 조선인의 도움을 받았다.

그때 이응찬은 로스 선교사를 도우면서 기독교를 긍정적으로 생각하기 시작했고, 로스 선교사를 좀 더 적극적으로 도와주고 싶은 생각이 강하게 일어났다. 그래서 고려문에 가서 백홍준(白鴻俊), 이성하(李成夏), 김진기(金鎭基) 등 의주 청년 세 사람을 포섭(包攝)하는 데 성공했다. 이응찬을 비롯하여 네 사람의 조선 젊은이들을 확보한 로스 선교사는 조선 선교를 위하여 먼저 해야 할 것은 성경을 한글로 번역하는 것이라고 보고 그때부터 성경 번역을 본격적으로 착수했다. 로스 선교사는 의주 상인 서상륜(徐相崙)도 만날 수 있었다. 그는 홍삼 장사를 하다가 31세 때 장티푸스(腸typhus)로 사경을 헤맬 때 친구 소개로 헌터(J. H Henter) 의사의 치료를 받아 완쾌되었고 이때 매킨타이어의 전도를 받았으며 로스에게서 세례를 받고 그의 어학 선생이 되었다.

존 로스 선교사는 "말씀만이 기독교의 핵심이요. 전도의 중심이라 보았다. 즉 성경을 번역하여 한글성서 간행에 진력하여야 한다고 믿었던 복음주의자로서 가장 적절하고도 고귀한 생각을 품고 있었다." 이들 네 명의 의주 청년들은 세관 관리, 병원장 등 그곳 외국인들의 어학 선생으로 일하면서 이응찬과 함께 로스 선교사의 성경 번역 사업을 지원했다.

이들은 성경을 한글로 번역하려고 한문성경을 여러 번 정독(精讀)하였다. 이 과정을 되풀이하는 동안 말씀을 통해 역사하시는 성령께서 이들의 마음을 움직여서 예수를 믿기에 이르렀다. 그리하여 1876년에 네 사람 모두가 맥킨타이어로부터 세례를 받았다.(한국교회사 64면 1994. 1994. 참조)

로스 선교사는 1882년 누가복음과 요한복음을 한글로 번역하여 처음으로 한글성경을 출간하였다. 그 이듬해에는 사도행전이 각기 출판되었다. 그 저본(底本)은 중국어 성경 문리역을 기본으로 하고 헬라어 성경, KJV(King James Version), ERV(English Revised Version)

등은 참고하였다고 한다. 1887년에는 「예수셩교젼셔」라는 이름으로 신약전서 단행본을 발간했다. 이러한 성경은 하나님의 말씀을 전하려고 조선에 선교사가 입국하기 전에 성경이 먼저 전해졌다는 데 의의가 있다. 맨 먼저 전해진 것이 영문성경이었고 뒤이어서 한문성경이 그리고 그 뒤를 이어서 중국 만주에서 존 로스가 한글로 번역한 한글성경이 조선반도에 전해졌다.

다음은 양반 지식인인 한학자 이수정(李樹廷. 1842~1886)은 임오군란 때 민비(閔妃)를 구출한 공으로 1882년 9월 수신사(修信使) 박영호(朴永孝)의 비공식 수행원으로 일본에 건너갔다. 그는 신사유람단원(紳士遊覽團員)으로 일본에 다녀온 친구 안종수(安宗洙)의 조언에 따라 도쿄(東京) 기독교인 쓰다 센(津田仙)을 만났다. 그에게서 받은 한문 신약성경을 읽었고 그 목사의 소개로 알게 된 일본인 목사 야스가와(安川)에게서 1883년 4월에 세례를 받았다.(한국교회사 66면 참조)

그 뒤 "이수정은 일본성서공회 헨리 루미스(Henry Loomis) 목사의 요청으로 1883년에 성경 번역을 시작했다. 한문성경에 이두식 토(吐)를 다는 방법으로 현토성경(懸吐聖書)을 완성·출판했다. 그 번역 저본(底本)은 1864년 상해에서 발행된 신약성경 문리역(新約聖經 文理譯)이었다. 그때 일본에서는 훈점(訓點)을 단 훈독 신약성서(訓讀 新約聖書)가 식자층의 호응을 받고 있어서, 한문성경에 훈점만 달면 되므로 본문 이해가 쉬운 사도행전부터 시작해서 그해 6월 21일에 신약성서 전체를 완성하였다.

그러나 그 출판은 11월에 시작되었다. 즉 "신약성서 마태전"(新約全書 馬太傳)을 필두로 1883년 11월에 인쇄에 들어가 1884년 8월까지 "신약성서 마가전"(新約聖書 馬可傳), "신약성서 로가전"(新約聖書 路加傳), "신약성서 약한전"(新約聖書 約翰傳) 그리고 "신약성서 사도행전"(新約聖書 使徒行傳) 등 5권의 단편 한한성서(漢韓聖書)를 미국성서공회의 도움으로 요코하마에 있는 인쇄소에서 각권 1000권씩 출판되었다."(한국기독교서 Ⅰ. 163면 참고)

이수정은 일본에서 성경 번역을 통하여 한국 복음전파에 크게 기여한 인물이다. 이에 앞서 그는 일본주재 미국 선교사들과 미국 선교부에 조선에 선교사를 파송해 달라고 요청하는 편지를 보냈다.

이수정은 1886년 5월 28일 일본에서 조선으로 돌아왔다. 이수정은 몇몇 유학생들과 함께 귀국하여 은거하다가 병사했다고 한다. 그러나 다른 한편 이수정이 귀국한 뒤 행방이 묘연했다고 하며 많은 사람은 그가 법으로 금한 기독교로 개종하고 성경 번역을 한 것과 여러 일본 유학생에게 복음을 전한 것들이 보수파를 자극했을 것으로 추측된다. 그가 울산에서 자객에 의해 죽임을 당했다는 설이 있으나 확인되지 않고 있다.

이수정은 44세의 젊은 나이로 이 땅을 떠났다. 그러나 우리는 그가 죽기 1년 전 제물포에 들어온 최초의 선교사 아펜젤러(Henry Gerhard Appenzeller. 1858~1902)와 언더우드(Horace Grant Underwood. 1859~1916) 목사가 이수정이 번역한 한글성경 마가복음을 지니고 있었다. 이들은 이 성경으로 말씀을 전하는 데 크게 도움을 받았다고 한다. 이수정은 정치적으로, 사회적으로 암흑기에 있었던 조선의 상황 속에서 개척자적 순교 정신을 발휘하였다.

◇맺음말

우리나라에 개신교 선교사가 처음으로 파송된 것은 위에서 이미 말한 바와 같이 1885년 4월 5일 부활 주일 제물포(濟物浦)에 입국한 아펜젤러와 언더우드이다. 이 두 선교사는 복음을 전하려고 입국했으며 최초로 입국한 선교사는 알렌(H. N. Allen. 1858~1932)이나 그는 의사로서 활약했다.

위에서도 말했듯이 우리나라에 성경이 전래된 것은 1816년에 충남 서천 마량진에서 영국인 함장이 영문 성경을 첨사 조대복 등에게 전했다. 선교사가 파송되어 온 것보다 성경 전래가 29년을 앞서 우리나라에 들어왔다는 것은 특기할 현상이다. 비록 그 당시는 우리나라에 영어를 아는 사람이 몇 명에 불과해서 마량진 영문성경 전수 사건은 어둠에 묻혀 있었지만, 그것은 기독교라는 한 알의 밀알임은 틀림없다.

1832년 독일인 칼 귀츨라프 목사가 승선한 선박 선장은 충청도 홍주만 고대도에 상륙하여 조선 조정에 통상청원서를 제출했으나 거절당하고 귀츨라프는 한문성경을 전하고 감자재배법과 포도재배법을 주민에게 가르쳐주고 떠났으며 1865년 9월 13일 영국인 토마스 목사는 조선에 와서 2개월 반 동안 한문성경을 나눠주고 복음을 전했으며 그 이듬해 1866년 8월 16일에는 미국 상선 제너럴셔먼호에 승선하여 평양에 들어왔으나 9월 2일 27세의 나이로 대동강 변에서 피를 흘렸다. 그는 최후의 순간에도 그가 가져온 한문성경을 조선인에게 전했다고 한다.

한글성경은 스코틀랜드 존 로스 선교사가 번역하는데 조선의 상인인 청년의 도움을 많이 받았다고 한다. 그때가 중국의 아편전쟁(1840~1842) 이후이고 조선은 1866년 대원군의 쇄국정책이 시행되고 있었던 때이다. 존 로스가 한글로 성경을 번역하기 시작한 1877년부터 신약전서인 "예수셩교젼서"가 간행되는 1887년까지의 10년이란 기간이 소요되었다.(한국기독교의 역사 Ⅰ. 147면 참조) 그때 존 로스는 이응찬 등 조선인 한두 명의 도움을 받았다고 한다.

그러면 그 한글성경을 언제 조선에 반입되었는가? "1883년 서상륜이 성서를 지니고 입국을 시도하다가 적발되어 의주(義州) 감옥에 갇히게 되었다. 이때 의주부 집사이며 교인이었던 김효순(金孝順)의 도움으로 탈출하여 고향인 의주로 돌아왔다." 1883년 황해도 송천리에 우리나라 최초의 교회인 소래교회(솔내교회)를 세우고 복음을 전했다. 서상륜이 지니고 입국한 성경은 존 로스가 번역한 한글성경이었다.

그 이전에도 의주 상인이 반입했다고 하는데 한글성경의 반입방법은 전해지나 누가 가지고 입국했다는 기록은 없다. 그 상인이 반입한 방법은 보부상(褓負商)들이 상품을 져 나르기 위하여 질빵이 필요한데 그 성경을 해체하여 그것으로 질빵을 만들어서 물건을 지고 입국했다. 이때 관헌은 이를 발견하지 못했다고 한다. 입국해서 그 질빵을 풀어 다리미로 다려서 다시 성경을 복원했다는 말이 있다. 이런 방법으로 한글성경을 반입하던 때가 쇄국정책이 심하게 시행되던 때이다.

일본에서 이수정이 번역한 한글성경은 처음 선교사로 1885년 입국한 아펜젤러와 언더우드가 지기고 들어왔다고 한다.(2018. 03. 22)

행동하는 믿음

기독교계에서 흔히 말하는 예화인데 시험 일자를 받아놓은 학생이 시험공부는 하지 않고 하나님께 시험을 잘 치를 수 있게 해달라고 열심히 그리고 간절하게 기도했다고 한다. 그리고 시험을 치르러 갔는데 시험공부를 하지 않았으므로 한 문제도 풀지 못했다고 한다. 즉, 기도에 응답 없어서 학생은 백지를 내고 나오면서 하나님께서도 시험 앞에서는 능력이 없다고 말했다고 한다.

신약성경 데살로니가 전서 제5장 제17절에 "쉬지 말고 기도하라"는 말씀이 있고 예배의 3대 요소는 말씀, 기도 그리고 찬양이라고 한다. 따라서 성도로서 꼭 지켜야 할 사항 중의 하나가 바로 기도이다. 그러면 기도란 무엇인가를 살펴보자. 그 기도는 마음으로 바라는 바가 이루어지기를 하나님께 비는 일이나 그 의식, 성도와 하나님과의 교제(대화), 인간의 영혼이 진정으로 생명을 얻는 영혼의 호흡이자 영혼 전체로 드리는 예배(시 119:164)라고 한다. 그리고 영(靈)이신 하나님은 기도를 통해 인간들이 당신을 가까이하고 당신과 대화하며 당신을 알고, 당신의 뜻을 좇아 살기를 원하

신다고 한다.(빌 4:6; 살전 5:18; 요일 1:9)

이러한 기도는 하나님께서 응답을 주시는데 기도한 대로 다 주시는 것이 아니라고 한다. 그 응답의 시기, 범위, 완급 등은 하나님의 주관에 속한 사항이다. 기도에 응답하지 않는 것은 하나님 뜻에 맞지 않아서 응답이 없는 것이다. 기도는 하나님 중심으로 이루어지는 은혜와 긍휼이라고 본다.

위의 예화에서 학생은 자기가 해야 할 시험공부는 하지 않고 시험을 잘 치르게 해달라고 기도했다. 이것은 행동하는 믿음 즉, 자기가 해야 할 일을 하지 않고 하나님께 의탁한 결과이다. 내가 해야 할 일을 내가 해야 하며 하나님께 기도하면 응답을 주실 것으로 생각하고 기도해서는 안 된다. 그리고 기도하면 하나님께서 응답을 주실까, 아니 주실까를 알아보려고 해서는 안 된다. 즉, 하나님은 시험 대상이 아니다.

교회 건물에 불이 나서 타들어 가는데 담임 목자님이 성도들에게 불이 꺼지도록 하나님께 기도하자고 종용해서 기도하면 하나님께서 응답을 주셔서 그 불이 꺼지겠느냐? 말이다. 지금 교회 건물에 불이 붙었는데 주일에 설교하고 기도하는 교회가 대부분이라고 한다. 이런 상황에서 하나님께 어찌 하오리까 하고 물으면 불부터 끄라고 하실 것이다.

교회 건물이 다 타고 성도가 화재로 죽으면 예수님

이 죽은 나사로(Nazarus)를 살리듯이 기도하면 살일 수 있겠느냐? 말이다.(요 11:1~44) 교회 건물이 없어졌고 성도 일부가 화재로 죽었으며 뿔뿔이 헤어졌는데 담임 목사님은 하나님께 죽은 성도를 살려주시고 교회 건물을 다시 건립해달라고 계속 기도하면 하나님께서 이에 응답하실까?

그래서 교회 건물에 불이 붙었을 때 더 번지기 전에 그 불을 먼저 꺼야 하는 행동하는 믿음이 필요하다. 소년 다윗(David)이 블렛세 거인 골리앗(Goliath)을 물리친 것도 행동하는 믿음에서 나온 것이다.(삼상 17:5, 51) 그렇다고 기도하지 말라고 하는 말은 아니다. 성도라면 누구나 다 기도하는 것은 기본이다.

기도하면서 시험공부 하고 불붙은 교회 건물의 불을 급히 꺼야 하는데 실제 상황에서 급한 나머지 기도하는 것을 잊을 수도 있다. 불을 조기에 진화하는 방법은 불이 번지기 전에 즉시 꺼야 하며 소방관서에도 즉시 연락해서 진화하도록 하는 것이 중요하다. 교회 건물이 붉게 타고 있는데 담임 목사님이 기도하면서 성도들에게 불이 꺼지게 기도하라고 하면 교회 건물의 불이 꺼지겠는가?

늦기 전에 불부터 꺼야 한다. 요즘 교회에 다윗과 같이 행동하는 믿음을 품은 목자들과 성도가 다수 나오길 기도한다.(2018. 08. 26)

지금 합심 기도가 필요한 때다

하나님의 말씀은 영혼의 양식이며 기도는 영혼의 호흡이고 하나님과 대화라고 한다. 그러므로 성도들은 늘 성경을 봉독하며 쉬지 말고 기도해야 한다. 그런데 일반적으로 우리는 어려울 때 이를 극복하려고 기도를 드리는 경우가 많다.

사업의 성공, 자녀의 대학입시 합격, 사랑의 성취, 삶의 풍요 등 자기의 유익을 위하여 기도하는 때가 많다. 그리고 그렇게 애타게 기도하다가도 어려운 고비를 넘겼을 때 슬그머니 기도를 중단하는 예도 있다. 그때로부터 호흡하지 못하는 영혼은 질식해 가며 하나님과의 대화 단절이란 불행한 일을 자초한다. "쉬지 말고 기도하라"(살전 5:17)라는 말씀은 점차 희미해져 가고 만다.

기도를 드린 그대로 응답이 있는 것은 아니다. 때로는 즉시 응답을 주시는 때도 있지만, 오랜 뒤에 응답을 주실 때도 있고 기도한 것과는 다르게 변형된 형태로 응답을 주시는 때도 있다. 그리고 기도에 응답을 주시지 않는 때도 있다는 것을 알아야 한다. 기도의 응답 여부는 하나님의 주관에 속한 사항이기 때문이다.

지금 우리 성도들은 간절한 기도를 더 많이 해야 할 때라고 생각한다. 영상문화의 급속한 확산 때문에 좁아진 하나님의 영역을 넓히기 위한 기도, 교회를 위한 특별기도, 성직자의 영육 간의 강건함을 위한 기도, 어려움을 겪고 있는 국가를 위한 간절한 기도 그리고 교회에서 정한 기도의 제목에 따라서 기도하여야 한다. 지금 국가의 안전을 위해 합심기도가 더 필요한 때라고 생각한다.

우리나라의 경제 상황은 날로 어렵고 안보가 위기에 놓여 있는데 자기 당의, 자기 계파의, 자기 출신 지역의 잇속을 차리느라고 다른 것은 눈에 보이지 않는 모양이다. 그리고 세계의 관심사가 되고 있는 북핵의 비핵화 문제의 해결을 낙관적으로 보는 사람도 있지만, 쉽게 해결될 조짐이 보이지 않는다. 설상가상으로 일본은 독도를 자기 영토라고 집요하게 물고 늘어지고 있으며 중국 사학계에서는 고구려사를 중국사에 편입하려는 흉계를 드러내는 등 내우외환으로 정국이 몹시 불안하다.

정국의 불안을 해소하기 위한 인간의 피나는 노력과 함께 간절한 기도가 필요하다. 특히 문제의 심각성으로 보아서 일상적인 기도보다 합심 기도를 드려야 한다.

미국의 남북전쟁 당시 남측은 리(Robert E. Lee) 장군의 용맹성과 전략 덕분에 승승장구하는데 북측은 그런 장

군이 없어서 패전의 위기에 처해 있을 때 에이브러햄 링컨(Abraham Lincoln) 대통령은 북측의 국민에게 호소하여 합심 기도를 했던바, 하나님께서 그 기도에 응답을 주셔서 전세가 역전되어 북측의 승리로 돌아갔다는 미국 남북전쟁의 일화가 있다.

우리나라의 현실을 직시하자! 위에서도 이미 비쳤지만, 국경 없는 경제적인 무한경쟁, 정객들의 비생산적인 정략 전쟁, 보수니 진보니 하는 계파 간의 이념전쟁, 북측의 핵 개발에 따른 전쟁 위협, 일본 제국주의자의 영토전쟁, 중국의 황당무계한 역사전쟁 등을 직시해야 한다. 이것이 바로 국내외적으로 총칼 없는 전쟁이다.

외국의 투자자들은 우리나라에 투자하는 것을 꺼리고 있으며 이미 투자했던 외국인들도 그 투자를 회수하는 '코리아 엑소더스'(Exodus)가 일어나고 있다고 한다. 그리고 국내기업이 해외투자를 위한 공장 이전 소식은 이미 낡은 말이 되고 말았다. 이것은 우리나라의 현실을 극명하게 설명해 주는 대목이기도 하다. 이들의 움직임을 뉘라서 막을 수 있단 말인가?

그러므로 우리 성도들은 합심 기도를 간절하게 드려야 한다. 총칼 없는 전쟁에서 승리할 수 있게 그렇게 기도를 드려야 한다. 십일조는 물질만 말하는 것이 아니다. 시간도 십일조를 하나님께 드려야 한다. 그 시간에 하나님 나라의 의를 위한 합심 기도를 간절히 드림으로써 이 난국을 극복하고 하나님의 영역을 넓혀야 한다고 생각한다.(2018. 11. 06)

제2장
세상사는 이야기

가을 나들이

며칠 전부터 초등학교 동기 동창생끼리 열차를 타고 경상북도 김천방면으로 가을 나들이를 하기로 계획했다. 모든 계획은 다른 동창생이 짰는데 나는 될 수 있으면 하루에 갔다 오는 코스로 하며 무리하지 않도록 계획을 세우라고 주문했다. 아침 9시 반에 천안역에서 모이기로 약속했다. 나는 이곳 집에서 며느리가 운전하는 차를 타고 평촌 전철역에서 내려 전철로 수원까지 가서 열차 편을 이용하여 천안역에 내린 것은 9시 반이 좀 못되었다.

이곳 중부에서는 박 사장과 내가 그리고 충청도에서는 박 선생 등 합계 4명이 무궁화호를 타고 김천을 향하여 출발했다. 날씨가 흐렸으나 들녘에 누렇게 익어 가는 가을 들판은 우리에게 풍요로운 마음을 안겨주었다. 열차 안을 둘러보니 차림새가 우리만 놀러 가는 것은 아니었다. 옷차림으로 봐 정말로 산행을 작정하고 나온 사람들도 많이 있었다. 좋은 물, 좋은 공기 그리고 좋은 경치를 찾아가는 것 같았다.

설악산 근방에는 단풍이 물들었다는 소식이 전해지고 있는데 이곳 중부권 이하는 아마 10월 말쯤이나 단풍이 절정에 이를 것 같다. 열차는 계속 질주하여 11시 57분에 김천역에 도착했다. 이곳의 지리를 잘 아는 박 사장이 길을 안내했다.

이곳에는 이름 있는 사찰로 직지사(直指寺)가 있고 특산물로는 포도가 유명하며 감이랑 밤이 많이 생산되는 곳으로 알려졌다. 우리 일행은 11번 시내버스를 타고 직지사에 갔다. 직지사는 황악산(黃岳山) 기슭의 넓은 터에 웅장하게 지어졌는데 신라 눌지왕 2년(418년) 아도화상(阿道和尙)이 세웠다고 한다.

절 안 주위의 울창한 숲 그리고 오래된 노송과 깊은 계곡의 맑은 물 등이 주위 경치와 잘 어울렸다. 경내엔 1천구의 아기 부처가 나란히 있는 비로전(毘盧殿)이 있으며 1천년 묵은 칡뿌리와 싸리나무 기둥의 일주문과 조선 시대의 대표적인 건물인 대웅전(大雄殿), 신라 통일시대 작품인 높이 1.63m의 석조약사 여래좌상(보물 제319호)이 있다. 직지사를 안고 있는 황악산에 옛날에는 학이 많이 날아왔다고 해서 황학산(黃鶴山)이라고도 했으며 단풍 하면 내장산의 단풍이 유명하다고 하는데 그전에는 이 황악산의 단풍이 유명했다고 한다. 이 직지사에는 박정희 전 대통령 내외분의 영정이 안치되어있다. 사찰의 내외로 물이 계속 흐르고 있으며 주변에는 활엽수가 많아서 단풍이 물들면 아름다우며 이 단풍을 완상(玩賞)하려고 많은 사람이 찾는다고 한다.

직지사 옆에 있는 찻집에서 우리 일행은 솔잎차를 시켰다. 그리고 찻집 벽에 걸이여 있는 액자 속에 쓰여 있는 시 한 수가 마음에 와 닿아서 이곳에 싣는다.

"청산(靑山)은 나를 보고 말없이 살라 하고
창공(蒼空)은 나를 보고 티 없이 살아 하네
탐욕(貪慾)도 벗어놓고 성냄도 벗어놓고
물같이 바람같이 살다가 가라 하네"

이 시의 제목은 "삶"이라 하며 작자는 나옹선사(懶翁禪師. 1320~1376)라고 시인 박 사장이 알려 주었다. 우리 가족이 중동 이란에서 살다가 귀국한 뒤 탁송한 이삿짐을 찾으려고 서울세관 이삿짐 취급소에 갔을 때 사무실 벽에 걸린 액자에서 이 시를 보고 집사람과 함께 퍽 마음에 들어 했다.

차를 나르는 종업원의 설명은 솔잎이 숙성이 잘되어서 알코올 기운이 좀 있다고 하는데 이미 시켜서 가져온 차이고 또 차라니까 마셔 보았다. 들척지근하고 맛이 괜찮았는데 산에 오르려 하니 취기로 온몸에서 힘이 다 빠지는 느낌과 함께 다리의 힘이 없었다. 이를 이기려고 포도도 먹고 홍시도 먹으면서 산에 올랐다가 내려왔는데 그 취기가 서서히 빠져나갔다.

우리 일행은 왔던 길로 버스를 이용해 갔으며 기차 출발 시각보다 한 시간의 여유가 있어서 노래방에 들러서 김천에서 마지막 회포를 풀었다. 노래방 기계는 뽕짝 위주로 만들어져서 그것을 많이 불렀다. 어느 친구가 명곡이나 가곡이나 부르지 촌스럽게 뽕짝만 불렀다고 한마디 던졌다. 그러나 그도 명곡을 부르지 못하고 뽕짝만 불렀다. 명곡도 좋지만, 자기의 스트레스를 푸는 노래라면 또 마음에 즐거움을 주는 노래라면 어떤 노래인들 어떠하리?

깊어 가는 가을이라서 6시 정도 되었는데 어두움이 대지를 덮기 시작했고 열차는 어둠을 헤치고 서울 방향으로 쏜살같이 달렸다. 피로한 몸을 의자에 기댄 채 눈을 감았다. 전에 대학 다닐 적에 장항선 열차를 타면 통로도 꽉 차 있고 떠드는 소리에 골치가 아플 지경이었는데 지금은 여객들의 수준이 꽤 높아졌다. 질서를 지킬 줄 알고 떠들지 않아서 옆 사람과 대화를 나누려면 주위를 의식하게 한다.

우리 일행은 천안에서 간단하게 저녁을 먹고 각자 헤어졌고 서울방면으로 가는 박 사장과 나는 천안에서 그 유명하다는 할머니 집 천안 명물인 호두과자를 사서 서울행 열차에 몸을 의지하고 천안을 뒤로하고 달렸다. 차창에 비치는 등불과 어둠을 번갈아 보면서 달렸다. 나는 전과 같이 수원역에서 전철로 갈아타고 귀가했다. 집에 도착한 시각은 10시 반쯤 되었다. 생각보다 덜 피로했다. 옆자리에 앉았던 친구가 여행하면서 가볍게 계속 군것질을 하면 덜 피로하다고 한 그 말이 맞는 것 같다. 나는 그 친구가 초콜릿을 주워서 먹은 기억이 난다.(2000. 10. 10)

즐거운 나의 집

며칠 전에 초등학교 동창생과 같이 봄나들이하기로 약속한 날이 오늘이어서 길을 떠났다. 목적지는 서해에 접해 있는 대천 바닷가이다. 나는 전철을 이용해서 수원까지 가서 거기서 장항행 열차를 타고 가다가 온양역 열차 안에서 친구를 만나기로 했다. 최근 교회음악 지도자 양성을 위한 수강생 모집 포스터를 각 교회에 게시판에 붙이는 일이 아니면 집에서 쉬는 것이 나의 일과이다.

그러나 오늘은 열차를 타고 달려본다는 데 마음에 신선한 느낌을 주었고 차창 너머로 펼쳐지는 산과 들을 바라보니 양지바른 곳에는 파릇파릇 봄의 모습이 돋아나고 있었다. 내 마음은 어느덧 고향 태안반도의 들로 옮겨갔다.

옛날에 대바구니를 들고 보리밭에서 달래와 냉이를 캐던 생각, 쑥을 칼로 오리어 바구니에 담던 생각과 더불어 상큼한 봄 내음이 코밑으로 다가오는 것 같았다. 그때 같이 나물 캐던 옛 친구들은 다 어디 갔는지? 외로움이 엄습해 왔다. 그래도 오늘은 친구를 만나 봄을 맞으러 대천 바닷가로 가기로 하였기에 외로움이 많이 덜어질 것 같았다.

예정대로 온양에서 친구를 만나서 같이 서로 말벗이 되어주면서 열차에 몸을 맡기었다. 이 길은 옛날 서울에서 대학 다닐 때 방학이 되면 이 열차를 이용하여 고향에 내려갔고 방학이 끝나면 이 열차를 타고 서울로 올라가곤 했다. 그때 우리가 탔던 열차는 석탄으로 물탱크에 가열해서 생긴 수증기로 터빈을 움직여서 차바퀴를 돌리는 증기기관차였다. 그래서 언덕을 오를 때는 힘이 겨웠든지 허연 수증기를 토해내고 금속성 소리를 지르면서 산모퉁이를 돌아갔던 기억이 난다.

그 당시 가난한 서민이 많이 이용했던 기차라서 앉은 사람보다는 서 있는 사람들이 더 많았던 것 같다. 그 사이를 비집고 물건을 팔고 다니던 홍익회 상인들을 생각하면 지금도 열차 안에서 물건 파는 사람들이 반갑지 않다. 간간이 친구와 대화를 나누면서 옛 생각하는 사이에 기차는 대천역에 도착했다.

택시를 타고 곧장 대천해수욕장을 찾았다. 한여름에 인산인해를 이루었던 해수욕장은 조용했다. 운전사가 말한 바로는 그래도 주말에는 여러 사람이 해수욕장을 찾아와서 바닷바람을 쐬고 맛있는 해물을 먹으면서 즐긴다고 했다. 출렁이는 물결에서 수천 년의 역사를 읽는 느낌이 들었다. 바닷물은 흰 물살을 물고 백사장을 핥고 내려갔다. 열차 안에서 친구가 나보고 겨울 잠바를 입었다고 놀려댔다. 노인네 티를 낸다고 말이다. 그러나 해변에 와서는 내가 겨울 잠바를 입은 것을 부러워하는 눈치였다. 나야 바다의 생리를 누구보다도 잘 알기에 바닷바람을 미리 대비했다.

우리처럼 바닷가 백사장을 걷는 사람들도 몇 명 있었다. 특히 젊은 연인 층인데 데이트할 장소가 알맞지 않아서 바닷가를 찾은 것 같다. 목에 두른 스카프를 날리며 서로 밀착하여 걷는 모습이 다정하게 보였다. 우리는 잠깐 스쳐 가는 바람 속에 갯내음을 맡으며 마음껏 바다 공기를 들이마시면서 거닐다가 해물탕을 잘 한다는 식당을 찾았다.

식당의 창 너머로 펼쳐진 넓은 바다를 바라보면서 점심을 나누었다. 언제나 먹는다는 것은 즐거운 일이며 너른 바다를 바라본다는 것은 눈을 즐겁게 했다. 점심도 먹었고 시간적인 여유도 있어서 바닷가 소나무 밭을 거닐며 봄의 정취를 느껴보았다.

그러한 뒤에 서울행 열차에 몸을 맡기고 대천을 떠났다. 그래도 온양까지는 차창 너머로 자연을 감상할 수 있었으나 그 이후는 어둠이 자연을 삼켜버려서 그것마저도 볼 수가 없었다. 하루의 피로가 찾아들었다.

열차를 타고 가끔 친구와 대화를 나누고 차창 너머로 흘러가는 자연을 감상하였을 뿐인데 피로했다. 그것은 열차도 탔고 바닷가에서 갯바람을 쐬었기 때문이라고 생각했다. 매일 열차를 타고 다녀서 그것에 익숙했다든지 늘 바닷바람을 쐬어서 그에 적응을 잘했다면 그렇게 피로하지는 않았을 것이다. 나이가 들었다고 방 안에서 별로 움직이지 않고 책과 음악의 벗이 되어 살았기에 오늘과 같은 기후에도 적응을 못 했다고 생각했다.

별로 늦은 시각은 아닌데도 집에 도착하니 아내가 반갑게 맞아주었다. 늘 집 안에 있는 사람이려니 하고 살고 있는데 내가 잠시 집을 비웠다가 귀가하니 새로운 느낌이 드는 모양이다. 아내의 맞음도 좋았지만, 내 집이 아늑하다는 느낌이 들었다. 집안에 들러 선 뒤에 영국 헨리 비숍(Henry Rowley Bishop)의 "즐거운 나의 집"(Home, sweet home)이란 노래가 허밍으로 흘러나왔다.

낮에 내가 친구를 만나서 즐겁게 지내고 고향을 그려보며 바닷가를 거닐어보기도 했지만, 그것은 잠시의 일이며 그래도 내 가정만 한 곳은 없다. 새로운 것은 아니나 새로운 것을 발견하기나 한 듯이 비었던 마음의 한구석이 메워지는 느낌이 들었다.(2002. 03. 05.)

부부간의 대화

어제처럼 아침 6시쯤 산 중 터에 자리 잡은 약수터를 향하여 걸었다. 그 약수터를 안고 있는 산은 아침 산행하기에 알맞은 동네 야산이다. 길 양편에 소나무가 즐비하게 서 있고 비교적 길의 폭이 넓은 편이다. 먼저 산에 오른 사람들은 벌써 내려오고 날을 앞서가는 부부는 대화를 나누며 걷기 때문에 걸음걸이가 좀 느렸다. 급할 것이 없는 나는 일정한 거리를 두고 이들 부부의 뒤를 따랐다.

그 부부가 함께 산에 오르는 모습이 좋게 보였다. 부부간에 보조를 맞추려고 남편은 보폭을 줄이고 아내는 그에 맞춰 걷는 모습이 다정하게 보였다. 그것이 조화, 바로 그것이다. 매사가 다 그렇게 되는 것은 아니겠지만, 부부는 보조를 맞추려고 서로 노력하여야 한다.

마치 장구재비가 궁굴채와 열채로 장구를 번갈아 가며 칠 때 그것이 조화를 이루어 아름다운 화음을 만들어내듯이 부부의 삶의 보폭도 그러해야 한다. 주거니 받거니 하는 대화의 조화, 일을 처리하면서 강과 약의 조화, 보이게 또는 보이지 않게 흐르는 부부간의 사랑

속에 인생의 참 의미가 피어난다.

어떤 부부는 남편은 앞서 걷고 아내가 몇 발짝 뒤떨어져 걷는데 걸을수록 부부 사이의 거리가 멀어진다. 그것은 남편이 아내의 보폭에 맞추려 하지 않고 아내도 남편의 보폭에 맞추려 하지 않고 걷기 때문에 그러한 결과를 빚은 것이다. 속내는 어떤지 모르지만, 이런 때는 다정하게 보이지 않는다.

중국 당나라 시인 백거이(白居易)의 장한가(長恨歌) 중에 비익조(比翼鳥)라는 새가 있는데 그 새는 암컷과 수컷의 눈과 날개가 각각 하나씩 있어서 짝을 짓지 않으면 날지 못한다는 전설의 새이다. 이것은 부부의 결합과 합력을 의미하는 것이다. 이처럼 부부 사이에는 서로가 밸런스를 맞춰 조화를 이루어야 한다.

나를 앞서 걷고 있는 이들 부부의 대화 내용이 무엇일까? 하고 생각해 보았다. 나이가 40대로 보이니 자녀들의 양육에 관한 대화도 있겠고 가정경제나 대인관계의 어려움을 상의하는 대화도 있을 것이라고 나 나름대로 생각해 보았다.

그 부부는 겉모습으로 봐서 부인이 주로 이야기하고 남편은 추임새를 넣어주면서 주로 듣는 편인 것 같았다. 여기에 누가 이야기를 많이 하고 누가 이야기를 듣는 편이냐? 하는 것은 문제 되지 않는다. 이야기를 많이 하는 쪽은 자기의 마음속에 품고 있는 생각을 쏟

아내는 것이며 말없이 듣는 쪽은 상대방의 이야기에 신경을 집중시켜서 듣는다는 배려가 깔려있다. 이렇게 대화를 주고받는 그 분위기는 두 사람의 일체감을 느끼게 한다.

원래 대화는 말하는 사람이 있고 그 말을 듣는 사람, 즉 화자(話者)와 청자(聽者)로 이루어진다. 그렇다고 해서 화자가 늘 화자가 되는 것은 아니며 반대로 청자가 늘 청자가 되는 것도 아니다. 화자나 청자는 분위기에 따라서 언제든지 바뀔 수 있다. 꼭 그런 것은 아니지만, 그렇게 함으로써 대화의 맛이 나고 의사소통이 잘된다.

일반적으로 부부간의 대화는 아내가 주로 화자가 되고 남편이 청자가 되는 때가 많다. 남편들은 바깥에서 사회 활동을 하므로 생각도 많고 언행이 분주하다. 그래서 될 수 있으면 귀가해서는 쉬고 싶어 하며 가정사에 대하여 콩이냐? 팥이냐? 를 말하고 싶어 하지 않다. 그리고 가정사는 주로 주부에게 맡겨진다. 그렇게 되니까 아내들의 말이 많아질 수밖에 없다. 이미 행한 일과 앞으로 할 일에 관한 대화일 것이다.

아무리 남편이 바깥일에 시달려서 피로하더라도 아내가 대화를 요청할 때 이를 거절해서는 아니 된다. 예컨대 "나 피로해!", "나중에 말해!", "무엇 그런 걸 다 물어봐!" 등의 식으로 응해서는 안 된다. 그것은 부인이 친구끼리 주고받는 수다가 아니기 때문이다. 자녀 문제이건 가사 문제이건 진지한 태도로 성의껏 대화에 임하여야 한다. 그것이 부부간에 신뢰를 두텁게 하는 일이다.

부부는 같은 배를 탔기 때문에 원만한 대화가 늘 이루어져야 한다. 배가 순항하려면 남편 쪽에서도 적극적으로 대화에 임하는 것이 좋다. 그것은 자녀의 양육 문제, 가사 협조와 분담의 문제도 중요하지만, 그것보다는 부부간에는 정을 담은 대화가 더 필요하다. 즉 대화를 통하여 아내는 남편에게 사랑을 전해야 하며 남편도 아내에게 사랑을 전해야 한다. 이렇게 함으로써 서로 사랑의 안식처가 됨을 확인하게 된다. 대화는 상대방의 마음을 읽을 수 있는 통로다. 그래서 부부간에는 부단한 대화가 원만하게 이루어져야 한다고 생각하면서 나는 약수터에 올랐다.

나를 앞서가던 부부는 약수터를 지나서도 가끔 얼굴을 마주하면서 걷는 폼이 아직도 대화를 멈추지 않은 것 같았다. 이들 부부의 긴 대화 속에 사랑의 단어가 더 많기를 기대했다. 사랑의 대화는 단둘만의 공간이 필요하다. 이들뿐만 아니라 반려자인 모든 부부는 숨이 멈추는 순간까지 정겨운 사랑의 대화가 이어져야 한다고 생각하면서 산에서 내려왔다.(2009. 11. 23)

인생의 두 번째 계획

인생의 유년기에도 꿈이야 있겠지만, 소년기에 접어들면 실현 여부는 차치하고 꿈을 꾸기 시작하며 청년기에 접어들면 그 꿈을 구체화하고 그 꿈을 현실화하려고 총력을 집중한다. 물론 사람의 개성에 따라, 주위 환경에 따라서 달라질 수 있지만 말이다. 나는 이 시기를 인생의 첫 번째 계획과 그 계획을 실현하기 위한 도전의 시기라고 말하고 싶으며 그 시기에 무엇인가 이룩하려고 매진하며 실패와 성공의 쓴맛과 단맛을 보는 시기라고 생각한다. 물론 때에 따라서는 궤도의 수정도 있을 수 있다.

우리나라 1970년대 "산업화 바람이 불 때만 해도 회갑연이 있었으나 지금은 그런 단어가 별로 사람의 입에 오르내리지 않으며 칠순 잔치란 말도 몇 번 읊더니 그것마저 사라지고 팔순 잔치나 하지...... 라는 말로 바뀌었다. 이제는 당나라 시성(詩聖) 두보(杜甫)의 곡강시(曲江詩)에 인생칠십고래희(人生七十古來稀)라는 시구(詩句)가 무색할 정도로 장수하는 사람들이 늘어나고 있다.

정부에서 현재 65세 이상인 사람들의 평균 수명을

91세로 본 것은 인생 수명 100세 시대에 가까웠다는 청신호이며 노인고령사회연구소 박상철 박사는 인생 100세론을 강력히 주장하고 있다. 그 근거로 한국의 전통식단인 밥, 김치, 국, 나물, 생선' 등이 장수 음식이라고 말하고 특히 김치와 간장, 고추장, 된장, 청국장 등의 발효식품은 장수식품의 으뜸이라고 발표했다. 여기에 적당한 운동을 곁들리면 더욱 좋다고 한다. 그뿐만 아니라 우리나라 의료기술의 첨단화는 인생 100세 시대를 강력히 뒷받침해 주고 있다.

그런데 우리나라 정년퇴직 연령을 보살펴보면 그동안 국영기업체 직원은 58세, 공무원은 60세(교육공무원 62세)로 되어있다. 이것도 명예퇴직이라는 이름으로 그 연령이 낮춰지는 예가 있으며 일반기업체에서는 더 심한 편이다. 그래서 '사오정'이니 '오륙도'니 '삼팔선'이라는 은어까지 나돌고 있다. 요즘 퇴직 연령을 61세로 상향 조정했다는 말이 있다. 그것도 중요하지만, 실천이 더 중요하다고 생각한다.

공자의 삼계도(三計圖)를 보면 일생지계 재어유(一生之計 在於幼)라고 했다. 이 말은 인생 계획은 어렸을 때 세운다는 뜻이다. 이렇게 세워진 인생 계획은 일반적으로 60대 초반이 되면 그것이 성취되었던, 안 되었던 그 계획은 특별한 경우를 제외하고는 끝나고 만다.

위와 같이 어렸을 때 세웠던 인생 계획이 끝나고 인

생 100세 시대를 살 때 앞으로 40년 동안을 어떻게 사느냐? 가 문제이다. 고독과 싸우면서 무료하게 살 것인가? 화려했던 시절의 추억 속에 살 것인가? 부평초처럼 물결 따라 흔들리면서 살 것인가? 를, 이 세대를 살아가는 사람들은 심각하게 고민해 보아야 할 것이다.

옛날에는 정년퇴직한 뒤에 어영부영 살다가 인생을 마감했는데 인제는 퇴직자들에게 40년이란 긴 세월이 안겨졌다. 그러므로 일생지계 재어유가 아니라 인생 60세에 접어들면 새로운 인생의 두 번째 계획을 세워야 한다. 그 계획은 과하지 않게 자신만을 위한 알찬 계획이어야 한다.

예컨대 평소에 음악을 배우고 싶었던 사람들은 그 분야의 계획을, 문학의 한 장르를 선택하여 그 장르에 따라 소설이나 시, 수필 등을 쓰겠다는 계획을, 그림이나 서예에 취미가 있는 사람들은 그런 분야의 계획을, 남을 돕고자 하는 사람은 그 분야의 봉사계획 등 여러 갈래의 길이 있다.

한발 앞선 사람들은 정년퇴직한 뒤에 곧바로 그런 계획들을 세워서 의욕적으로 추진하고 있다는 이야기를 가끔 듣곤 한다. 이 얼마나 아름답고 값어치 있는 일인가요? 그것은 정년퇴직 이전에 살아온 길과는 사뭇 다른 길이다. 이기주의자라는 말을 들을지도 모르겠지만, 그간에 매어 살아왔던 틀에서 벗어나 자신을 위한 삶이 될 것이다. 40년이란 세월은 어마어마하게 긴 시간이다.

일단 새로운 인생계획을 세웠으면 이를 의욕적으로 추진하여야 한다. 그동안 살아오면서 습득한 지식과 축적된 경험은 이 새로운 계획을 추진해 나가는 데 많은 도움이 될 것으로 생각한다. 또한, 이러한 계획을 추진해 나갈 때 의욕적인 열정은 건강까지 지켜줄 것이다. 허송세월은 건강에 아무런 도움이 되지 않는다. 자신을 위한 인생의 마지막 정열을 사양의 노을처럼 붉게 태워야 한다. 여기에서 노년의 보람찬 인생의 가치를 창출할 수 있는 마지막 기회라고 생각한다.

(2010. 02. 02)

센베이와 생선 대가리

1960년대 이야기이다. 나는 결혼을 늦게 해서 애를 둘만 두었지만, 내 친구는 일찍 결혼해서 그 당시 4남 1녀를 이미 두었다. 그때만 해도 '자녀 둘 낳기 운동'이 벌어지기 전이다. 먹고 살기 힘들어도 임신하는 대로 애를 낳았으며 낙태할 의사가 전혀 없었고 낙태할 방법도 없었다. 임신하면 으레 애를 낳는 것으로 알고 있었고 '애는 자기 먹을 것을 가지고 태어난다.'는 어른들의 말씀이 있었던 때였다.

내 친구도 그런 분위기에서 자녀를 낳아 길렀다. 그는 일찍 취업해서 퇴근길에 꼬물꼬물 자라는 자녀들을 생각하고 허름한 과자 가게에서 센베이(せんべい)를 사 오곤 했다고 한다. 그때는 과자의 종류도 많지 않았지만, 값이 싸고 애들이 좋아하는 그 센베이를 사 왔다는 것이다.

그런데 그 친구 나이가 이제 희수(喜壽)가 넘어 맏아들이 아비를 찾아뵈러 가끔 오는데 그때마다. 센베이를 사 들고 온다고 한다. 예나 지금이나 그 센베이의 색깔이나 모양새나 맛이 비슷하다. 그래서 하루는 그 센베이를 사 온 아들에게 밉지 않게 얘, 아들아!

“아비는 양과자도 좋아한단다.”고 말했다고 한다. 이에 그 아들은 “옛날 아버님께서 센베이를 자주 사 오시기에 아버님이 그 센베이를 좋아하시는 것 같아서 저도 그 센베이를 사 왔어요.”라고 말하면서 “다음엔 양과자도 사 오겠어요.”라고 말하더란다.

요즘 그것과 비슷한 말이 여러 곳에서 번지고 있다. 옛날 엄마가 자녀를 키울 때 쇠고기는 사 먹기 어려워서 생선을 사다가 요리해서 밥상에 올려놓고 생선 가운데 도막에서 가시를 발라내고 살코기만 자녀에게 먹이고 엄마는 늘 생선 대가리만 먹었다고 한다. 아마 어느 엄마나 다 마찬가지였을 것이다. 자녀들이 장성해서 한 상에서 식사하는데 자녀들은 생선 가운데 토막을 차지하고 먹으면서 ‘생선 대가리는 엄마 것’이라고 말하더란다. 그래도 자녀에게 값싼 생선이라도 먹이겠다는 엄마의 사랑 가운데서 빚어진 일화이다.

위에서 말한 센베이나 생선 대가리 이야기는 추억이 담긴 아름다운 이야기이고 요즘 세태에 비하면 양호한 편이라고 생각한다. 무엇인가 부모에게 드리려는 그 마음이 고맙다. 다 그런 것은 아니지만, 요즘 부모를 모시지 않으려고 형제간에 불목하고 사는 집안이 여럿 있다. 그뿐인가 버젓하게 연봉 수천만 원을 말하는 직장에 취업한 자녀들이 부모에게 생활비를 보내지 않는 사례가 비일비재하다고 한다. 그 자녀들은 이제 직장에서 중진이 되어 큰일을 담당하고 있는데도 말이다.

지금 우리 세대는 부모님께 효도를 마지막으로 했고 그 효도를 받지 못하는 마지막 세대라고 하지만, 이것을 세태가 변화해서 그렇다고만 말할 수 없다. 아무리 살기 어려운 사회라 하더라도 천륜을 잊어서는 안 된다. 자기 자신의 노후 대책을 마련하지 못하고 베이비붐(baby boom) 시대를 살아온 부모들은 인제 자녀들 때문에 실버 푸어(silver poor)의 길로 접어들었다. 이를 늦게야 깨닫고 '죽을 때까지 자식에게 재산을 물려주지 말라'고 외치고 있지만, 이미 버스는 지나고 말았다. 그것은 다만 후배들에게 경종이 될 뿐이다.

각 가정에서 사랑의 회복 운동이 벌어져야 한다. 산업사회를 살아오면서 억울하게 평가 절하된 부권, 자녀의 학업 진도에 목맨 엄마의 비정상적인 사랑이 삭막한 가정을 만들고 말았다. 가진 것이 많으면 무엇하며 인성이 결여된 자녀의 우수한 성적만으로 무엇하겠으며 사회적 지위가 높으면 무엇 한단 말인가?

각 가정에 깊게 스며든 흔들리지 않는 사랑이 있어야 하며 그러한 사랑은 자연스레 이웃에게로 넘쳐 흘러가게 되어있다. 우리는 센베이를 사 들고 가정으로 돌아오는 아빠의 사랑, 생선 가운데 토막에서 가시를 발라내고 살코기만 자녀에게 먹이는 엄마의 사랑을 닮아가야 한다.(2014. 04. 12)

남자 소변보기 수난

남자나 여자나 오줌을 누는 것은 생리적 현상이므로 거부할 수 없다. 그런데 남녀가 오줌 누는 방법은 다르다. 아이를 낳아 기른 엄마들은 잘 아신다. 아기가 어느 정도 커서 걸음마를 하고 기저귀를 떼 낸 뒤에 쉬를 시킬 때 남자아이는 서서, 여자아이는 쪼그리고 앉아서 쉬하게 가르친다. 그것은 생리 구조상 그렇게 하는 것이 편해서 동서고금을 막론하고 남자는 서서, 여자는 쪼그리고 앉아서 오줌을 누는 것으로 생각한다.

그래서 여러 사람이 사용하는 화장실(공중화장실, 학교, 공공기관이나 사기업체 화장실 등)은 남녀 화장실이 구분되어 있으며 남자 화장실은 대변보는 곳과 소변보는 곳으로 구분하여 사용하고 있다. 이것 역시 동서양의 구분이 없다. 양변기가 설치된 화장실뿐만 아니라 우리나라 재래식 화장실에서도 그렇게 구분되어있었다. 그런데 여자 화장실은 변기 하나에 쪼그리고 앉아서 대소변을 다 해결한다.

내가 중동 모 국가에서 근무한 적이 있는데 그때가 1990년 전후로 생각한다. 그 나라의 실권자가 남녀평등에 집착한 나머지 남자 소변보는 곳을 없애버리고 대변을 보는 곳(변기)에서 소변도 같이 보라고 지시함에 따라서 남자만 소변보는 곳을 없애버린 적이 있다. 지금도 그런지는 알 수 없으나 그때 남자들이 여자처럼 쪼그리고 앉아서 소변보는 것이 불편하다는 여론이 비등했다. 그때 나는 대변보는 화장실에서 습관적으로 서서 오줌을 눈 기억이 있다.

최근에 가정에서 젊은 주부들이 남자도 여자와 같이 양변기에 앉아서 소변을 보아야 한다고 주장하는 목소리가 점점 커지고 있다. SNS나 잡지 등에서 그런 말이 가끔 오르고 있는데 남녀 화장실이 구분되어있는 가정을 제외하고 대부분 가정은 양변기가 설치되어있고 남녀가 함께 사용한다. 그때 남자가 소변보려면 서서 보기 때문에 변기에 오줌이 묻는 때가 가끔 있다. 그 변기 청소를 남자가 하면 아무 문제가 없는데 일반적으로 가정에서 주부가 청소한다. 그때 그 오줌 묻은 곳을 닦아내는 것이 그렇게 싫은 모양이다.

이러한 현상은 여권이 그만큼 신장하여 마음이 불편한 것을 표현한 것이다. 종래 아무 소리 없이 잘 지내다가 최근에 와서 남자도 여자와 같이 양변기에 앉아서 소변을 보라는 목소리가 커졌다. 이것 때문에 부부간에 다툼이 일어나는 때도 있다고 한다. 그래서 요즘 엄마들이 자기 아들에게 어렸을 때부터 서서 오줌을 누지 말고 양변기에 앉아서 누라고 교육한다고 한다.

여기 화장실에서도 남성의 여성화 교육이 시행되고 있는데 어릴 때는 쉬라는 것을 서서 하라고 하고 좀 커서는 양변기에 앉아서 소변을 보라는 것은 남녀의 생리 구조를 동일시하라는 교육이다. 그것보다 용변을 본 뒤에 변기 뚜껑을 반드시 덮고 물을 내리게 하는 교육이 더 중요하다고 생각한다.

남성의 여성화는 오래전부터 초등학교에서 이루어졌다. 초등학교 선생님의 85% 이상이 여자 선생님이다. 이렇게 초등학교 선생님의 성비가 크게 불균형을 이루고 있어서 교육계나 사회의 문제점으로 대두되고 있다. 그래서 초등학교에서 남학생을 마마보이(mamma's boy)로 만드는 것이 아니냐? 고 묻는데 이미 마마보이가 되어가고 있다. 남자로서의 야성이 어렸을 때부터 무너지고 있다는 말이다.

한 실화인데 남학생이 여학생의 머리카락을 잡아당겨서 담임인 여선생님께 고했더니 그 선생님은 남학생을 심하게 꾸짖고 다시는 그런 일이 없도록 주의를 주었다고 한다. 그 반대의 경우 그 여선생님은 무엇 그런 것 가지고 남자가 쩨쩨하게 일러바치느냐? 고 말하면서 일소에 붙었다고 한다. 사소한 것 같지만, 이것이 바로 여성의 기를 살리는 것이다. 교육의 잣대는 같아야 한다. 이렇게 불평등한 교육에 남학생은 자연스럽게 야성이 무뎌진다.

정계에선 자기들의 이권을 챙기느라고 노심초사하며 강력히 투쟁하고 있으나 남학생의 야성을 살려야 하겠다는 목소리는 나오지 않고 있다. 전에는 병역의무를 마친 남성에게 취업하는 데 유리하도록 가산점을 주었는데 이것마저 헌법의 평등권을 위배한다는 이유로 헌법재판소에서 위헌결정을 내려서 군 가산점 제도를 폐지했다. (1999. 12. 23) 이러한 것들로 인하여 남자 선생님의 숫자가 더 줄어들었다고 한다. 저출산으로 학생 수가 매년 감소하고 있는데 이에도 큰 관심을 두고 대처하여야 하겠지만, 그것 못 지않게 남학생의 야성을 살리는 분위기를 조성하는 데 정부는 적극적으로 나서야 한다.

전 세계에 테러가 판을 치고 전쟁 발발 위험이 날로 커지고 있는 이때 야성이 죽은 남자가 위기를 어떻게 과감하게 대처할 것인지를 깊이 있게 생각하여야 한다.

각 초등학교에서 야성이 없는 마마보이를 양산하는 것도 문제인데 가정에서까지 남성의 여성화 교육을 하고 있으니 앞으로 우리나라는 여인 천국이 될 가능성이 농후하다고 생각한다. 다른 나라도 다 그렇다면 상관없을 것이나 그렇지 않다는 데 문제가 있다.

나무도 어렸을 때 자라는 모습을 보면 큰 재목으로 쓰일지를 알 수 있다고 한다. 물론 종류에 따라서 다르겠지만 말이다. 사람도 어려서부터 교육을 잘해서 훌륭한 인재를 양성하여야 한다. 장차 이 나라를 이끌고 나갈 인재는 바로 지금의 어린이들이다.

위에서 이미 말한 바와 같이 옛날 옛적부터 남자는 서서 오줌을 누고 여자는 쪼그리고 앉아서 오줌을 누었는데 오늘에 와서 남자가 여자에게 서서 오줌을 누라고 했다고 생각해보자. 황당한 일이라고 항의가 빗발칠 것이다. 여기에 평등의 한계점이 있다. 내 이익만 생각하지 말고 역지사지(易地思之)하기 바란다. 그러므로 요즘 가정에서 일어나고 있는 화장실에서 남성의 여성화 시도는 지양하여야 한다고 생각한다.(2017. 07. 27)

건배사

◇'삐따또'

매년 연말이 되면 한 해를 보내는 아쉬움이 있어서 직장 동료, 동창생들, 그 밖에 친구들과 술자리를 같이하게 되며 이에 따라서 건배사가 나오게 마련이다. 건배사는 대작하는 사람에 따라, 시소에 따라 그 내용이 다르다. 나는 그중에서 "삐따또"라는 건배사를 의미 있게 들었다.

우리나라가 2000년에 고령화 사회에 접어들면서 이에 따라서 나이 든 분들의 모임이 많아졌다. 열심히 일하다가 뒤로 밀려나게 되니까. 무료하기도 하고 친구가 그립고 만나고 싶기도 하다. 젊었을 때 동창회에서 친구를 가끔 만나다가 본격적으로 사회활동을 하게 되니 동창회 친구들을 멀리하고 돈 버는데, 신분 상승에 올인 했다. 그러다 보니 세월은 저만치 가버리고 정년이란 이름으로 밀려나서 뒷방 시세가 되다 보니 멀리했던 옛날 동창회 친구들이 생각나서 찾게 되고 그동안 직장 동료로 모였던 친구들을 찾게 된다.

젊었을 때 각자 다른 환경에서 생활하다 보니 성격

형성이나 사고의 폭이 같을 수 없다. 그러니까 친구를 만나면 자기가 관청의 고위직에 있었던 것, 대기업체의 임원이었던 것 또는 많은 재산을 모은 것에 대한 자긍심이 맘속에 배어있기 때문에 자기주장이 강하다. 그리고 속으로 저것 학교 다닐 때는 빌빌했는데 용이 되었네! 하고 시기하는 쪽도 있다. 그래서 자기주장과 시기로 티격태격하고 언성을 높이는 때가 가끔 일어난다.

이것은 고위 관직에 이었던 대기업체 임원이었던 돈이 많던 한 가지에만 집중했기 때문에 상대방에 대한 배려의 마음이 부족하다. 그리고 우월감이 지워지지 않아서 이른바 '갑질'한다. 이 때문에 친구 사이에 불협화음이 생기게 되며 가끔 모임이 깨지는 때도 있다.

이에 아울리려는 건배사로 "삐따또"가 생겼다고 한다. 이 의미는 '삐지지 말고' '따지지 말고' '또 만나자!'라는 뜻이라고 한다. 우정을 생각한 아주 좋은 건배사라고 생각한다. 그렇게 하려면 상대방을 배려하는 마음이 있어야 한다. 특히 언사에 조심하여야 한다. 상대방을 비난한다든가, 상대방을 탓한다든가. 자기 뜻대로 하려 한다든가. 언어가 불손하다든가 하면 친구 사이에 틈이 생기고 그 틈은 넓어지게 마련이다.

예부터 '친구 사이는 가까울수록 예절을 지켜야 한다.'라는 말이 있다. 막역(莫逆)한 사이라고 말을 함부로 해서는 아니 된다. 특히 노인들은 이해의 폭이 좁아서 그런지 삐지기를 잘하며 성질이 급해서 따지기도 잘한다. 하지만 젊은이처럼 막걸리 한잔하고 허허 웃으면서 털어버리지 못하는가 보다. 그리고 노인들은 고집이 세고 자기주장이 강하다고 한다. 그 주장의 밑바닥에는 옛날의 흔적이 깔려있다. 진취적이거나 새로운 맛이 없다.

누가 지었는지는 모르지만, "삐따또"라는 건배사는 적절하게 지었다고 생각하며 그 건배사 속에 올해 송년회가 친구 사이에 화합을 이루는 좋은 계기가 되었으면 한다.(2016. 12. 12.)

◇'백두산'

고대 그리스의 철학자 알리스토텔레스(Aristoteles. BC 384~322)는 "인간은 사회적 동물이다."라고 설파했다. 이 말은 인간이 개인적으로 존재해도 그 개인 혼자서 존재하는 것이 아니라, 끊임없이 다른 사람과 관계를 맺고 존재한다는 것이다. 인간은 그 관계가 엄마 아빠와의 혈연관계에서 시작하여 친인척관계, 교우관계, 남녀관계, 단체에서 동료관계 내지 상하관계, 동호인의 우정 관계 등으로 넓은 의미에서 인간은 너와 내가 관계를 맺고 도움을 주고받고 산다.

이러한 관계 중에서 동호인 관계가 자유롭고 취미에

따라서 뜻이 한 곳으로 모으기 때문에 우정관계가 돈독하다. 그런 관계로 등산모임, 골프모임, 문학모임, 수석모임, 낚시모임, 음악 분야에선 음악 감상모임, 연주모임 등 여러 모임이 있으며 사회 각처에서 맹렬히 활동하고 있다.

혼자서 고독을 즐기는 것보다. 동호인들끼리 모여서 발전적으로 활동하는 것이 정서면에서도 좋다. 특히 직장인들은 여가를 선용한다는 의미에서 틈을 내서 활동할 수 있지만, 시간관계상 많은 제약이 있을 것이나 퇴직한 사람들은 시간적인 여유가 있어서 동호인들끼리 함께 취미 생활하는데 좀 자유로울 것이다.

우린 대학을 같이 졸업한 뒤 젊었을 때부터 삼부 각 기관에서 열심히 공무에 젊음을 쏟아 붓다가 정년퇴임을 한 모임(석탑삼모회)이 있는데 이는 동호인 모임은 아니나 그런대로 공직에서 근무했다는 관계로 호흡이 잘 맞아서 모임이 역사가 있고 회원들이 80세를 넘었으니 이 모임이 생긴 지도 50년이 넘는 것 같다. 회원들이 출석률이 낮아지나 그런대로 잘 유지되고 있다. 그것은 회원 간에 호흡이 잘 맞는다고 말할 수 있다. 지나가는 말로 우리 이 모임은 회원 두 사람이 남을 때까지 운영하자고 말한다. 우린 100세 시대를 살고 있으니 그렇게 말할 수도 있다고 생각한다.

등산을 좋아해서 등산모임에 빠지지 않고 나가는 김

변호사가 우리 모임에서 '백두산'이란 건배사가 있는데 그것이 무슨 뜻인지 아느냐? 고 물었다. 특이한 건배사이고 처음 들어보는 말이라서 우리나라 북쪽에 있는 제일 높은 산 백두산은 말하는 것은 아닐진대 답변하는 사람이 없었다. 김 변호사는 주로 등산인들 사이에 최근 많이 쓰고 있는 건배사라면서 '백두산'에서 "'백'은 100세까지, '두'는 두 발로, '산'은 산에 오르자"라는 뜻이라고 말했다.

그 이전에 "9988234"란 숫자가 노인들 사이에서 유행하였다. 이 말은 99세까지 팔팔하게 살다가 이틀 앓고 3일째 죽는 것이 행복한 인생이란 뜻이며 자녀들에게 노환의 부담을 주지 않고 일생을 편안하게 마감하기 위해서는 노인 스스로 건강관리에 관심을 두고, 질병 예방에 적극적으로 힘써야 한다는 뜻도 함축되어 있다고 한다.

위의 두 가지 말은 건강하게 오래 살자는 말이다. 누구나 장수를 바라는 것이지만, 건강하지 못한 채 장수하는 것은 재앙이다. 아무리 사람이 행복하게 그리고 건강하게 오래 살고 싶다고 하더라도 사람의 뜻대로 이루어지는 것은 아니다. 인간의 생사화복(生死禍福)은 하나님께 달렸으므로 하나님의 뜻에 따르게 마련이다.(2018. 05. 17)

서천 문헌서원에 다녀와서

어제 서천 나들이해서 일박하고 마량포구로 들어가는 길가에 바다가 잘 보이는 언덕에 있는 서천 국립해양박물관에 갔다. 약 15만 점에 달하는 해양생태 관련 전시물을 보유하고 있으며 종류도 다양했다. 상상외로 규모도 크다. 전시물을 친구와 같이 관람하다가 안내원의 설명을 듣기도 했다.

친구는 장항제련소 운영과정에서 발생한 오염물질로 주변 환경이 오염되는 문제가 발생하여 장항제련소 용광로를 폐쇄하고 오염부지 안 주민의 이주 등 정부는 환경피해 해소 및 생활환경 개선 대책을 추진했는데 그 후속 사업으로 국립해양박물관이 건립된 것으로 본다고 설명했다. 장항제련소 문제는 30년 전의 일로 지금은 청정지역으로 변하여 공기가 신선한 편이다.

우린 이 박물관 관람하고 친구의 안내로 문헌서원(文獻書院)으로 발길을 옮겼다. 원래 서원(書院)은 조선 시대 성리학의 연구와 교육 목적으로 지방에 세운 사학(私學)이다. 조선 초기의 교육제도는 지방의 향교, 중앙의 사부학당, 성균관으로 이루어지는 관학(官學)이 중심이었지만, 고려 말부터 대두되기 시작한 소규모의 서

제(書齊)의 사학도 인정하였으며 국가에서 그러한 사학을 장려하기도 했다고 한다.

한산(서천의 옛 지명)하면 '한산모시'로 유명하며 한산 이씨의 시조 이윤경(李允卿)의 묘가 있는 곳으로 알려져 있다. 한산 이씨 시조는 위에서 말한 것처럼 고려의 윤경이며, 중시조는 목은(牧隱) 색(穡)의 아버지 곡(穀)이라고 한다. 곡은 이제현(李齊賢)의 문인으로 당대의 대문장가이며 경학(經學)의 대가였다.

그는 고려 충숙왕 때 문과에 급제, 원(元)나라 제과(制科)에도 급제하여 정당문학(政堂文學)을 거쳐 도첨의 찬성사(都僉議 贊成事)에 이르렀다. 그의 아들 목은 이색(牧隱 李穡. 1328~1396)도 역시 이제현의 문인으로 고려 말의 석학이며 대유로서 원나라 제과에 급제, 공민왕 때 문하시중(門下侍中)에 이르렀고, 그의 문하에서 학자와 명신이 배출되어 성리학의 주류를 이루었다.

친구는 문헌서원 입구에 우뚝 서 있는 홍살문에 관하여 다음과 같이 설명했다. 홍살문이라고 부르게 된 것은 기둥의 색깔을 붉은색으로 칠했고 상부에 설치한 화살 모양의 나무 살 때문이라며 붉은색은 악귀를 물리치고 화살로는 나쁜 액운을 공격한다는 의미가 있다고 하며 이 문은 서원이나 향교를 비롯하여 능 앞에 설치한다고 한다.

우린 홍살문을 거쳐서 문헌서원 경내로 들어갔다.

오른손 편에 목은 이색의 큰 좌석상(坐石像)이 위엄 있게 앉아 있고 문헌서원 전경은 사면이 산림에 싸여 있으며 남서향으로 위치하여 아늑한 느낌이 들었다.

정문으로 진입하지 못하고 안내문에 따라서 특히 정치인, 기업가, 공직자 등 사회 지도층 인사들을 지도대담해서, 이들이 올바른 경륜을 쌓아서 백성을 이끌 수 있도록 한다는 경륜당(經綸堂) 누각 옆으로 들어가서 교육관, 제례를 준비하는 곳인 영모제(永慕齊), 성현들의 문집이나 판각본을 보관하는 장판각(藏板閣), 위패를 봉안하고 제향을 지내는 효정사(孝靖祠), 사당의 출입문인 경현문(景賢門) 그리고 유생들이 거처하며 공부하던 오늘날의 기숙사와 같은 존양제(存養齊)와 석척재(夕惕齊)를 관람하고 그 서원 오른손 편 목은 이색 선생 영당(影堂) 쪽으로 나와서 목은 선생의 신도비(神道碑)를 읽어보려 했으나 마모되어 판독하기가 어려워서 그만두고 이색 선생 묘 일원을 살펴보았다.

목은 선생은 69세로 여주 신륵사에서 사망하였는데 셋째 아들 종선(種善)이 한산으로 영구를 모셔와 기린산(麒麟山)아래 (지금의 서천군 기산면 영모리) 선영에 장사지냈다고 한다. 이 묫자리는 무학대사(無學大師)가 정했다고 하며 묘비 앞면에 '목은 이색지묘(牧隱 李穡之墓)'라고 새겨져 있다. 이 묘역에 묘 2기가 있는데 밑에 있는 것은 목은의 셋째 아들 이종선의 묘라고 한다.

목은 선생은 유명한 고려 충신이기도 하지만, 후손들이 묘역을 잘 가꿔놓았다. 이색 선생은 고려 말~조선 초의 학자로서 고려의 충신이라고 초등학교 때 배웠으며 그때 개성 근방에 묘가 있는 것으로 생각했는데 인제야 서천에 있음을 알고 종래의 생각을 바꿨다. 그의 시호는 문정공(文靖公)이며 포은 정몽주(圃隱 鄭夢周), 야은 길재(冶隱 吉再)와 함께 고려 말 충신으로 삼은(三隱) 중 한 사람이다. 고려 말 원나라에 유학하여 고려에 성리학을 도입하여 보급한 성리학자로 그는 친명정책(親明政策)을 지지하고 고려 말에 성리학이 수용되고 척불론(斥佛論)이 대두되는 상황에서도 유교의 입장을 견지하며 불교를 이해하고자 하였다.

그의 성리학에 대한 이해는 매우 깊어서 권근(權近), 김종직(金宗直), 변계량(卞季良) 등 조선 초기에 뛰어난 성리학자들은 대부분 목은 선생의 제자였다. 장단의 임강서원, 청주의 신향서원, 서천의 문헌서원, 영덕의 단상서원 등에서 선생을 배향하고 있다. 그의 학문과 사상을 드높이려고 후손들이 문집인 목은문고(牧隱文庫)와 목은시고(牧隱詩藁)를 발간하여 전해지고 있다.

문헌서원은 목은 이색 선생 묘역 근방에 안겨 있어서 더욱 의미가 큰 것 같이 느껴졌다. 거유(巨儒)와 같이 있으니 말이다.

목은 묘역에서 내려오다가 홍살문을 지나다 보면 오

른손 편에 문헌전통호텔인 숭정관, 기린관 그리고 솔바람관이 있어 멀리서 찾아온 참배객들의 쉼터가 되어주며 문헌전통밥상인 식당이 있어서 예스러운 맛을 음미할 기회가 있어서 좋다. 도시와 좀 떨어진 곳이라서 사전 예약(010-5542-5888)이 꼭 필요하다고 한다.(2018. 06. 21)

아버지의 역할

엊그제 영국 유학에서 여름방학으로 귀국한 작은아들이 아비에게 인사차 다녀갔다. 그 뒤에 나는 아들에게 "애들을 많이 사랑해 주어라. 혹 네가 자리 빈 사이에 좀 부족하게 컸더라도 지금 금방 바로 잡으려고 하지 말고 후일로 미루어라"라는 문자 메시지를 보냈다.

그것은 제 아빠가 자리를 빈 사이에 중학생인 큰 녀석이 제 어미 말을 듣지 않았으며 공부에 집착하지 않고 놀았다는 말을 전해 들었기 때문에 제 아빠가 훈육에 강하게 스트레스를 줄까 봐서 그런 메시지를 보낸 것이다. 그 녀석은 초등학교 6학년 때 올백(all 100)하고 졸업했다. 그래서 제 엄마 아빠가 더 관심이 있는지 모른다.

1990년대 중반에 내가 섬기는 교회에 '아버지학교'가 있어서 입학해 공부한 적이 있다. 그때 심각하게 느낀 것은 아버지학교에 입학한 학생들이 자기 아버지에 대한 불만이 많다는 것이다. 그래서 아버지학교 교육은 적대시 대상인 아버지에 대한 감정을 치유하고 나는 적대시 대상인 아버지가 되지 않기 위한 교육이라고 생각했다.

정치평론가 K 박사가 아이들의 휴대전화에 아버지를 무엇이라 쓰고 전화번호를 입력했는가를 조사해보니 '아빠'라고 쓴 것이 40%, 꼰대라고 쓴 것이 30%, 비하어(卑下語)를 쓴 것이 30% 정도라고 한다. 꼰대까지는 애교로 받아들이는데 비하어를 쓴 것은 아버지를 적대시한다는 말이다.

서기 79년 베수비오 화산의 폭발로 엄청난 양의 화산재와 화산암에 묻혔다가 발굴된 이탈리아 폼페이(Pompeii)시 건물의 벽에 "요즘 애들은 버릇이 없다."라고 쓰여 있더라고 한다. 비슷한 말이 1500년 전 스페인 알타미라 동굴(Cueva de Altamira) 벽화 문양에서도 발견되었다 하니 예나 지금이나 아버지들은 애들이 버릇이 없이 보인 모양이다. 그렇게 생각하고 훈육하면 자녀들을 반항아로 만들지도 모른다.

애들이 버릇없는 것이 아니라 나이가 어려서 미숙한 것이다. 이런 현상을 단순히 세대 차로 치부할 수 없다. 이런 것은 아버지들의 훈육방법에 문제가 있다고 생각한다. 미숙한 자녀들의 세계에 들어가서 이해하고 훈육방법을 가부장적인 방법에서 민주적인 방법으로 패러다임(paradigm)을 바꿔야 한다.

나도 기성세대에 속하니 자녀들을 이해하지 못하고 공부만 재촉한 가부장적인 훈육방법으로 키웠을 것으로 생각하고 반성하면서 위에서 말했듯이 아들에게 "애들을 많이 사랑해 주어라. 혹 네가 자리 빈 사이에 좀 부족하게 컸더라도 지금 금방 바로 잡으려고 하지 말고 후일로 미루어라"라는 문자 메시지를 보낸 것이다.

아들은 '네 그렇게 할게요. 아빠 건강하시기 바랍니다.'란 답신을 받았으니 그렇게 할 것으로 믿는다. 자녀를 반항아로, 아버지를 비하어로 부르는 자녀로 키워서는 아니 된다. 이들이 사회에 진출하여 사회 체제에 반항하고 비난하는 자가 될까 두렵다. 그렇다고 침묵하고 살라는 말이 아니고 건전한 비판은 하여야 한다.(2018. 07. 08)

꾀꼬리는 봄 동산이 아니면

나는 정부 출자기관에 근무한 적이 있다. 그때 본부장이라는 직함으로 근무했으므로 노동조합(이하 '노조'라 함)을 상대하게 되었다. 그들의 요구사항은 늘 무리이다. 노동쟁의는 '임금, 노동시간, 복지, 해고 기타 대우 등 근로조건에 관한 노동관계 당사자 간 주장의 불일치로 인한 분쟁상태"를 말한다. 그러나 노동쟁의는 법령에 규정된 적법한 행위이다.

노조를 상대하려면 공식적인 모임도 있지만, 비공식적인 모임도 있다. 한 번은 비공식인 모임에서 회사의 정상적인 경영을 위하여 노조가 협조하여야 한다고 말하고 '과일나무에 거름도 주고 물도 잘 주어서 그 과일나무가 잘 자라야 열매를 많이 맺고 견실한 열매를 많이 수확할 수 있다고 말하고 그러해야 그 과일나무를 가꾼 사람들에게 분배도 많이 할 수 있다.'라고 말했더니 노조원이 말하길 '우린 열매를 많이 받으면 됩니다. 과일나무가 잘 자라고 열매를 많이 맺고 견실한 열매를 따는 것과 우린 상관이 없습니다.'라고 말했다.

그 뒤에 노조가 하는 행태를 보니 노조원들이 같은 생각을 품고 있음을 알 수 있었다. 노조 위원장이 파업할 것이냐? 를 노조원의 투표로 결정하여 파업을 시행하는데 한 번 파업하면 회사의 규모에 따라 다르겠지만, 수십억 원에서 수백억 원의 손실을 회사에 안겨 준다.

그뿐만 아니라, 옛날도 그랬지만, 글로벌 시대에는 라이벌 회사가 국내외에 산재해 있다. 예컨대 일본의 도요타 자동차회사는 무파업 행진하고 있는데 한국의 현대 자동차는 매년 연속파업 행진이다. 어느 회사가 이윤 창출이 앞서는지는 자명하다. 회사가 이윤이 부실하면 국제경쟁력도 낮아진다. 따라서 수출이 부진하면 그 결과는 노조원에게도 돌아간다.

그래도 노조원은 깨닫지 못하고 '과일나무가 실하지 못해서 실한 열매를 맺지 못하는 것과 우린 아무런 상관이 없다'는 노조의 이론이 회사를 망하게 하며 자기를 망하게 하는 결과를 가져온다. 회사 사정이 어려워서 요구하는 것만큼 임금인상이 되지 않으면 노동 착취라고 하면서 파업에 들어간다.

경기도 안양시 안양 1번지에 있었던 '삼덕제지' 사건은 널리 알려진 이야기이다. 그 회사는 회장이 자수성가(自手成家)해서 세운 회사로 양질의 화장지를 만들었다. 노조가 45일 동안 회장에게 모욕적인 언사로 비하하면서 파업했다. 회장은 수십 년 동안 경영한 회사의 부지 4천여 평을 쥐도 새도 모르게 시청에 기부하고 그는 "나는 육신만 이 나라를 등지는 것이 아니라, 영혼까지도 등지고 간다."라는 말을 남기고 영원히 한국을 떠났다.

그때 노조원이나 그 외의 사원들은 일시에 직장을 잃고 말았다. 그것은 자업자득이다. 이것은 노조가 과일나무를 생각지 않고 그 열매를 많이 가지려는 욕심과 거기다가 경영자에 대하여 요즘 말하는 모욕적인 '갑질'을 했기 때문이다.

경영자와 근로자는 상생하여야 하여야 한다. 요즘 청년실업 대란이 벌어지고 있다. 미국, 일본 등은 구인난(求人難)이라고 하는데 우리나라는 왜 이렇게 되었나? 더군다나 우리나라 대기업은 공장을 외국에 이전하거나 세우고 있다. 경방이 베트남에, 삼성이 인도에 그렇게 하고 있다. 공장을 옮기거나 건립하면 우리나라의 청년실업자가 따라갈 수 없다. 현대자동차는 이미 여러 나라에 공장을 옮겼지만, 또 외국에 공장을 건립한다는 말이 나돌고 있다.

작년 초에 트럼프 미국 대통령은 법인세를 낮추며 외국에 나가 있는 자국 기업을 불러드린다고 했다. 다시 말하면 기업이 제대로 경영해 나갈 수 있는 여건(이윤 창출)을 조성해주겠다는 말이다. 기업 경영자가 아무리 능력이 있다고 하더라도 여건이 맞지 않으면 투자하지 않는다. 꾀꼬리가 아무리 아름다운 목소리로

노래를 잘 부른다고 하더라도 봄 동산이 아니면 노래를 부르지 않는 것처럼 말이다.(2018. 07. 15)

소중한 것 지키기

한국전쟁(1950~1953) 이후에 일어난 '박○수 사건'이 세상을 떠들썩하게 했다. 지금으로 말하면 섹스 스캔들 사건이다. 당시 박○수는 헌병대 대위로 제대한 사람인데 자기 애인의 배신으로 뭇 여성을 복수의 대상으로 삼았다고 한다. 수려한 외모에 춤 솜씨까지 갖춘 박○수는 카바레에서 만난 70여 명의 여자를 농락한 죄로 입건되었다. 그러나 재판 과정에서 입건 사유인 '혼인을 빙자한 간음'이 기각되어 무죄가 된다. 피해 여자들이 유흥비를 지급하는 등 '여성 자신이 택한 향락'으로 밝혀졌기 때문이다.

피고인은 기소한 검사와 판결할 판사가 있는 법정에서 나와 같이 논 여자의 이름을 말하면 여기 검사나 판사의 부인이 있을지도 모른다는 말을 했다는 소문이 떠돌았다. 나도 그때 사춘기라서 이 사건에 관심이 많았던 것 같다.

검찰의 항소(抗訴)로 심판에서 '공무원 사칭'으로 1년 형을 받는 것만으로 재판이 끝났다. 당시 권영순(權永純) 판사의 판결문은 온 나라를 뒤흔들었다. 그 판결문의 요지는 '보호받을 가치가 없는 정조는 국가에서 보호할 의무가 없다'는 것이다. 즉 자기 정조를 자기가 지켜야 하는데 그렇지 않은 정조는 국가에서도 보호할 의무가 없다는 것이다.

그 유명한 사건이 있었던 때로부터 60여 년이 지난 2015년 2월 26일 헌법재판소는 형법 제241조 간통죄에 관하여 "성적 자기 결정권 및 사생활의 비밀과 자유를 침해한다."는 이유로 위헌결정을 내렸다. 헌재 재판관들은 "사회에 끼치는 해악이 그다지 크지 않을 경우 국가 권력이 개입해서는 아니 된다는 것이 현대 형법의 추세라며 '혼인과 가정의 유지는 당사자의 자유로운 애정과 자유에 맡겨야지 형법을 통해 자율적으로 강제할 수 없다"라고 판시했다. 이 판결은 법치의 범위와 한계에 대한 큰 문제점을 던져주었다.

헌재 재판관들은 가정이 국가의 초석이라는 것을 잊은 모양이다. 헌재 재판관들의 부인이나 남편이 간통하고 다닐 수도 있다는 것을 모르는 것 같다. 자기 남편이, 자기 아내가 간통한다는 것을 상상해보라.

간통죄를 없애고 나니 최근에 "낙태죄를 폐지하라!"고 진보여성계에서 목소리가 높아졌고 종교단체에선 이를 반대하고 있는데 여성가족부에서 "낙태죄를 폐지하여야 한다."고 의견을 제출했다고 한다. 그다음에는 창남촌(娼男村)을 만들자는 말이 나올지도 모른다. 그것은 단순히 동물적인 사고에서 빚어진 자기만족의 무책임한 발언이라고 생각한다.

참으로 아이로니컬한 일이 있다. 간통죄 폐지와 관련하여 청와대 소통광장에 가정과 아이가 버림받고 있으니 '간통죄의 부활'을 호소하는 국민청원이 있다는 것을 기억하기 바란다.

사회를 떠들썩하게 한 #미투(#Me Too)란 것이 있는데 그 운동을 벌이는 사람들은 거의 다 여성들이다. #미투에서 이른바 "위계에 의한 간음"이라고 주장이 있다. 여기에서 형법상 "위계에 의한 간음"이란 업무, 고용 기타 관계로 인하여 자기의 보호 또는 감독을 받는 사람에 대하여 위계 또는 위력으로써 간음하는 것을 말하며 그러한 자는 5년 이하의 징역 또는 1천500만 원 이하의 벌금에 처한다라고 규정하고 있다. 위계(僞計)는 거짓으로 계략을 꾸미는 것이며 위력(威力)은 위엄 있는 강한 힘을 말한다.

위에서 말한 "위계에 의한 간음을 당했다."고 하는데 그것도 세 번이나 당했다고 한다. 한 번이라면 모르겠는데 세 번이라니 그것은 이해할 수 없는 일이다. 영화감독이 모 여배우에게 주연을 시켜줄 터이니 하룻밤을 즐기자고 요구했는데 그 배우는 주연이고 무엇이고 나 그런 것 안 하겠다고 하면서 배우의 길을 접었다는 말이 있다. 그것이 정석이다.

우리나라 정정이 불안한데 최근 트럼프 미국 대통령

이 다음과 같은 요지의 메시지를 보냈다. 즉, 한반도 공산화 직전 트럼프 미국 대통령이 대한민국 국민에게 전하는 메시지~^^이다. "이제 미국은 자유민주주의와 평화를 지킬 수 없는 국가를 대신해 무의미한 피를 흘리지 않을 것입니다. Freedom is not free." 이 메시지의 요지가 60여 년 전 권영순 판사가 '보호받을 가치가 없는 정조는 국가에서 보호할 의무가 없다'는 판결 요지와 그 의미가 똑 닮았다.

자기 정조를 자기가 지켜야 하는 것처럼 국가의 자유민주주의와 평화도 국민이 지켜야 한다. 우린 남의 나라를 의지하려는 의타심을 먼저 뿌리를 뽑아야 한다. 그 의타심으로 표현되는 사상이 사대주의이며 근세의 대표적인 사실(史實)이 바로 '아관파천'(俄館播遷)이다.(2018. 08. 10)

제3장
소중한 건강 지키기

장수의 열쇠는 '젊은 엄마'

건강을 지키려면

건강하게 천수를 누리기

환자와 의사 간 신뢰의 중요성

기억력

살기 좋은 주거환경

노인이 넘어져서는 안 되는 이유

장수의 열쇠는 '젊은 엄마'

우리나라 저출산은 국가적인 문제로 대두되고 있다. 산업화 과정을 거치면서 여성의 일손이 필요했고 따라서 여성이 애나 낳고 집안에서 애를 키우면서 집안 살림을 하던 농경 사회는 옛날이야기가 되었다. 그리고 사회구조가 소수인을 제외하고 남성만 일해서 생활을 유지해 나가기 어려운 사회가 되었다.

그래서 여성의 사회진출이 불가피하게 되었다. 직장에서 여성이 일하다 보니 결혼이 늦어지고 결혼했다고 하더라고 출산 연령이 점점 높아지는 경향이며 아예 자녀를 두지 않는 경우도 있다. 이러한 현상은 국가 장래를 위하여 큰 문제로 대두하고 있다. 요즘 '인구가 줄어드는 나라는 장래가 없다.'라는 말이 나돌고 있다.

정부에서 인구 감소에 대한 대책을 세웠겠지만, 이렇다 한 성과가 거두지 못하고 있다. 최근 한국의 인구 증가율은 세계 최저권에 해당한다. 이렇게 인구가 줄어드는 현상도 문제인데 출산을 미루다가 나이 들어 출산해서 미숙아나 정신적인 면에서 부족한 자녀를 두는 결과로 이어지기 때문에 애는 물론 그 애를 키우는 엄마 아빠에게도 어려움을 가져다준다.

2006년도에 있었던 이야기이지만, 미국에서 조사한 바에 따르면 "장수 열쇠는 '젊은 엄마'이지, 아빠 나이는 무관"하다고 한다. '아이가 건강하고 오래 살기 원한다면, 젊었을 때 출산하라.' 만 25세 미만의 엄마가 낳은 자식들은 25세 이상의 엄마가 낳은 자녀들에 비교해 100세 이상 장수할 가능성이 거의 두 배에 이른다는 연구 결과가 나왔다고 로이터 통신이 보도했다.

이는 미국 시카고 대 노화센터의 리어니드 가브릴로프 박사 등이 미국 사회보장국의 통계 자료를 이용해 1890~1893년에 태어난 198명의 장수 요인을 분석한 결과다.

이밖에 미국 서부에서 태어났거나 어린 시절을 농촌에서 보낸 경우, 그리고 맏이로 태어난 사람일수록 장수 가능성이 높은 것으로 나타났다. 반면 아빠의 나이는 자녀의 수명과 거의 무관한 것으로 조사됐다. 가브릴로프 박사는 "여성들이 직장생활을 이유로 임신을 늦추는 상황에서 이 연구 결과는 중요한 사회적 의미가 있다."고 말했다.

우리나라에서 예부터 내려오는 말로 '20대의 자식이요. 30대 이후 재산'이란 말이 있다. 이것은 일정한 모집단(母集團)에서 끌어낸 통계 결과가 아니라 오래전부터 여러 사람의 경험을 집약한 말이라고 생각한다.

이 말은 20대에 자식을 두어야 하며 30대 이후부터 재산을 모으란 말이다.

구약성경을 보면 "자식은 여호와의 주신 기업이요 태의 열매는 그의 상급이로다. 젊은 자의 자식은 장사의 수중의 화살 같으니 이것이 전통(箭筒)에 가득한 자는 복되도다"(시 127:3~5)라는 말씀이 있다. 하나님께서는 이미 젊은 자의 자식이 강하고 복되다고 말씀하셨다.

이것은 지금에 와서 숫자로 표시한 것에 불과하다. 씨는 문제가 되지 않고 밭만 비옥하다고 하면 그 씨로 받은 자식이 건강하고 장수한다는 말인데 씨도 왕성할 때 받은 것이라야 좋다고 생각한다.

그렇다. 우리 인간은 하나님의 섭리(攝理) 가운데 살아야 한다. 그리고 그렇게 지키기가 어렵겠지만, 성경대로 살아야 한다. 이러한 진리를 알면서 이를 지키지 못하는 것이 우리 인간의 한계이다. "범사에 감사하고 쉬지 말고 기도하라"는 말씀이 있다. 이대로 준행하는 사람이 몇이나 될 것인가? 하나님의 뜻에 맞게 하지 못하면 그 뜻에 맞도록 노력하여야 한다. 그렇게 해야 한다고 하면서도 그것이 잘 결행되지 않는다. 그것은 사람이 피조물이라서 그런 것이다.

그러므로 일정한 모집단을 근거로 조사한 통계 결과나 예부터 여러 사람의 경험을 집약한 것이나 구약성경의 말씀이나 젊은이들이 생산한 아이가 건강하고 장수한다고 한다. 이점을 참고하여 우리 여성들은 출산한 아이나 그 아이를 키우는 부모를 위해서라도 20대에 출산하기 바란다. 이것은 나 개인을, 우리 가정을, 우리 사회를 그리고 우리 국가를 위하여 꼭 필요한 것이므로 여러 번 강조해도 부족함이 없다. 이러한 필요성은 실천하므로 결실을 보게 된다.(2006. 06. 26)

건강을 지키려면

일반적으로 마음에 내키지 않아서 하기 싫은 일을 하는 것을 억지로 한다고 한다. 세상을 살아가면서 자기가 하고 싶은 일만 하고 살 수는 없다. 한편 하기 싫어도 해야 하는 일이 있고 다른 한편 하고 싶어도 해서는 아니 되는 일이 있다. 여기에서 하기 싫어도 해야 하며 타인에게 양보할 수 없는 것이 바로 건강을 위한 일이다.

나이가 들어감에 따라서 주위에서 운동하라고 권면하는데 노인들이 하는 운동은 가벼운 운동이다. 젊은 이들은 좀 강도가 있는 운동을 좋아한다. 등산한다든지, 암벽이나 빙벽을 등반한다든지, 축구나 농구 그리고 배구 같은 운동을 한다. 그것은 건강을 위해서 한다든가, 일정한 단체를 위해서 한다든가, 취미로 하는 때도 있다.

요즘 나이 든 분들의 수가 계속 늘어나고 있다. 우리나라도 65세 이상의 노인 수가 600만 명이 넘는다고 한다. 그렇게 되면 노인 인구수는 전체 인구수의 12%를 상회한다. 이러한 노인 인구수의 증가는 사회에 미치는 영향이 크다. 특히 건강과 관련하여 국가의 복지정책 비중이 커져야 한다. 노인들은 건강을 위하여 자신이나 자녀가 뒷받침할 수 있으면 그렇게 해결하여야 하며 전체를 국가가 감당하기는 어렵다.

그러므로 방 안에 답답하게 들어앉아 있지 말고 자기 건강을 자기가 스스로 챙겨야 한다. 섭생도 중요하지만, 그것 못지않게 운동도 중요하다. 노인이 하는 운동은 힘이 드는 것이 아니고 단순하다. 그것은 걷기운동이다. 걸으면 표정이 밝아지고 혈액순환이 잘 되며 근육이 강건해지고 스트레스도 해소된다고 한다. 표정이 밝아지면 나도 좋고 상대방도 좋으며 혈액순환이 잘 되면 소화도 촉진되고 근육이 강건해지고 스트레스가 해소되며 활력이 솟아난다고 한다.

그런데 걷기운동이 필요하다는 것을 알면서 몸이 무겁다고, 움직이는 것이 귀찮다고 하며 걷기운동을 하지 않는 사람들이 많다. 내 건강은 내가 지켜야 한다. 발병하면 국가가 치료비를 보태준다는 의식에서 벗어나서 스스로 건강을 지켜야 한다. 그러므로 건강을 위하여 억지로라도 걷기운동을 하여야 한다. 처음에 제주도에서 둘레길을 만들어놓고 걷기운동을 권면했는데 지금은 곳곳에서 둘레 길을 만들어놓아서 걷기에 편하니 사회 각처에서 걷기운동 캠페인을 벌여서 걷기운동 분위기를 조성하는 것도 좋다. 날씨가 추울 때는 뇌졸중의 위험이 있으므로 될 수 있으면 바깥에서 하는 운동을 삼가야 하지만, 좋은 날씨에는 억지로라도 걷기 운동을 하여야 한다.

그리고 옛 속담에 "웃는 얼굴에 침을 뱉을 못한다."는 말이 있다. 이 속담은 웃음이 분위기를 전환하는 파워가 있음을 말해주고 있다. 그리고 대화의 분위기를 부드럽게 만들어주므로 소통에도 큰 역할을 한다. 초면에 인사를 나눈 뒤에 상대방이 부드럽게 웃으면 격의 없는 사이가 되는 느낌이 든다. 아마 첫인상이 좋아야 한다는 말도 그런 뜻에서 나온 말이 아닌가 하는 생각이 든다.

1950년대에서 60년대 살았던 유명한 만담가 장소팔과 고춘자가 있다. 그때 '장소팔과 고춘자의 만담'에는 주린 배를 움켜쥐고 박장대소(拍掌大笑)하는 사람들이 많았다. 그래서 마음속에 자리 잡았던 응어리가 잠시나마 풀리고 걱정 근심을 잊곤 했다. 요즘도 코미디니 개그니 해서 방송국의 인기 프로그램이 많다. 우리가 이 프로그램을 좋아하는 것도 바로 그 웃음 때문이다.

전문가들의 말을 따르면 웃음은 엔도르핀(endorphin)을 분비해 낸다고 한다. 이 엔도르핀은 스트레스 호르몬의 영향을 감소시키고 혈관을 팽창시키며 통증을 완화하는 진통제 역할을 한다고 한다. 그래서 그런지 "웃으면 복이 온다."라는 말이 있다. 웃었다고 금방 복이 굴러들어오는 것은 아니겠지만, 웃음은 건강에 좋기 때문에 건전한 사고와 건전한 행동을 하게 되므로 좋은 결과를 가져올 수 있다는 의미에서 복이 온다고 표현한 것으로 생각한다.

그러므로 혹자는 자연스럽게 웃어지지 않으면 억지로라도 웃으면 통증이 완화되며 건강을 위하여 매우 좋다고 한다. 그러하니 억지로라도 웃어야 한다. 자기 건강을 위하여, 가정의 평안을 위하여 그리고 사회의 안정을 위하여 억지로라도 웃어야 한다. 그것도 조용하게 웃는 미소가 아니라 박장대소하여야 한다. 시비할 사람은 아무도 없다.

안중근 의사의 유묵에 "일일부독서 구중생형극"(一日不讀書 口中生荊棘)이란 말이 있다. 이 말은 "하루라도 독서하지 않으면 입속에 가시가 난다."는 뜻이다. 그만큼 독서가 중요하다는 것을 나타낸 말이다. 독서는 남의 경험을 써놓은 책에서 지식을 습득할 수 있는 좋은 길이다. 그래서 안 의사가 독서를 권장하는 의미에서 그러한 유묵을 남긴 것으로 생각한다.

그런데 독서를 즐겨 하는 사람도 있지만, 대부분 사람은 독서해야 한다고 하면서도 하지 않는 경향이다. 구실은 많다. 시간이 없어서, 마음에 드는 책이 없어서, 눈이 어두워서 등의 이유가 있다. 시간은 만드는 것이며 서점에 산적해 있는 것이 책이고 눈이 어두우면 돋보기를 쓰면 될 것이다.

독서하지 않던 사람이 처음 책을 읽기란 쉽지 않다. 그러나 억지로라도 읽어야 한다. 공부하는 학생들은 늘 책을 대하고 있지만, 노인들은 시간은 많은 데도 독서하지 않는 경향이다. 전문가들은 치매 예방에 뇌 운동이 필요한데 독서가 최고의 뇌 운동이라고 한다. 그러므로 노인들은 최고의 뇌 운동을 하려면 억지로라도 책을 읽어야 한다. 그것도 옛날 서당에서 천자문을 읽듯이 큰소리로 읽는 것이 좋다고 한다. 젊었을 때 즐겨 읽었던 연애소설도 좋지만, 삶의 참 의미를 깨닫고 사고력을 높일 수 있는 고전(古典)을 선택해서 읽는 것이 더 좋다. 그것이 어려우면 부담 없는 수필이라도 좋다고 생각한다.

위에서 이미 말했지만, 타인에게 양보할 수 없는 것이 건강이며 이 건강을 유지하려면, 하기 싫은 걷기운동을 억지로라도 하고 웃기 싫은 웃음을 억지로라도 크게 웃으며 읽기 싫은 책을 억지로라도 읽어야 한다. 그렇게 하는 것도 중요하지만, 이런 것들을 지속해서 하는 것은 더 중요하다.(2013. 04. 25)

건강하게 천수 누리기

우리 대학 동문은 한 달에 한 번씩 마지막 토요일에 서울대공원에 모여서 등산한다. 나는 지난달에 감기를 앓느라고 참석하지 못했다. 그래서 이번에는 꼭 참석해야 하겠다고 생각하고 있는데 윤 회장이 전화해서 나이가 들수록 많이 움직여야 한다고 말하고 건강하게 천수를 누리는 데는 걷는 것이 중요하며 걷는 것은 보약이라고 한다. 내 뜻도 있지만, 친구의 권유도 있어서 같이 등산하기로 어제 약속했다.

나는 이곳에서 아침 9시에 승용차를 타고 출발했다. 집사람도 나와 함께 인덕원 전철역까지 가서 집사람은 그곳에서 전철을 이용하여 사무실에 가겠다고 하면서 오늘 수강생 모집 제2차 면접이 있는 날이라고 일찍 서둘렀다.

나는 집사람을 인덕원 전철역 근방에 내려주고 노변 주차장에 차를 세워놓고 그곳에서 전철을 이용하여 약속장소인 서울대공원으로 갔다. 이미 나와 있는 친구도 있고 계속 동문이 모여들었다. 오늘 모인 동문은 나랑 해서 31명이다. 이번 산행에서 친구들이 나에게 2탄(수필집)이 나올 때가 되었는데 언제 나오느냐? 고 물었다. 이에 나는 명확한 답을 주지 못하고 그게 쉽지 않다고 얼버무리었다.

우리는 산행을 마치고 점심을 같이했다. 그런데 나는 이왕에 승용차로 안양시까지 왔으니 현재 진료 중인 서울안과에 들렀다가 가는 것이 좋을 것으로 생각했다. 그 안과에 전화해서 토요일 진료 시간을 알아보니 오후 3시까지 접수한 환자만 진료한다고 해서 점심을 좀 일찍 먹고 나와서 서울안과에 갔다.

그 안과는 인산인해를 이루었다. 나는 백내장 수술 환자라서 좀 일찍 의사의 진료를 받았다. 의사는 상태가 매우 양호하다고 말하기에 나는 비문(飛蚊) 현상이 없어졌다고 했다. 의사는 연세가 많으신 데도 수술한 뒤 회복 상태가 아주 좋다고 거듭 말하면서 2주일 후에 내원하시라고 했다. 나는 의사가 백내장 수술한 결과가 양호하다는 말에 기분이 좋았다.

매주 토요일엔 큰어미가 애들을 데리고 오는데 오늘도 왔다. 제 남편은 고객 접대 골프 하느라고 피로해서 잠잔다고 한다. 접대 골프가 쉽지 않다. 고객보다 잘 쳐도 안 되고 못 쳐도 안 된다. 발을 잘 맞춰주면서 고객이 기분 좋게 쳐야 한다.

나는 집사람을 태우고 가면서 건강에 관련하여 "앞으로 1시간씩 앞당기라"고 말했다. 그랬더니 "당기란 말이 무슨 뜻이냐?"고 물었다. "그것은 모든 것을 평소보다 한 시간을 먼저 시작하라"는 뜻이라고 말했다. 아침에 잠자리에 일어나는 것도 한 시간을 앞당기고 출근하는 시각, 퇴근하는 시각 그리고 잠자리에 들어가는 시각도 한 시간씩 당기라고 말했다. 이 말은 시간에 쪼들려서 스트레스를 받지 말고 여유 있는 삶을 누리라는 말이다.

집사람은 요즘 성경을 통독하느라고 새벽 2시까지 잠을 이루지 못해서 육체의 리듬이 깨졌다고 말한다. 성경을 봉독하는 하는 것도 중요하지만, 잠을 충분히 자야 피로를 해소할 수 있다. 집사람은 일반적으로 아침에 늦게 일어나는 편이다. 그러니까 모든 것이 늦어진다. 아침 출근은 대부분 10시쯤 하며 귀가는 저녁 7시쯤 한다.

어디서 누구한테 들었는지 밤 11시 이전에 잠자기 시작하여야 한다고 되뇌면서도 자정을 넘겨서 잠자기 시작한다. 그래서 내가 한 시간씩 앞당기라고 말했는데 마이동풍이 되지 않기 바란다.

오래전부터 일을 줄이라는 뜻에서 꼭 필요한 일은 제외에 웬만한 것은 내려놓으라고 말했다. 나이가 들면 기운이 달인다. 그것을 억지로 하려고 하면 부작용이 생긴다. 그 부작용이라는 것은 일반적으로 탈이 난다는 것이다. 우리나라 속담에 "뱁새가 황새를 따라가면 가랑이가 째진다."라는 말이 있다. 이 말은 힘에

겨운 일을 억지로 하면 도리어 해를 입는다는 뜻이다. 꼭 알맞은 예인지 모르겠지만, 노인이 젊은이들이 하는 만큼의 일을 하려면 탈이 난다.

그것은 젊은이들이 하는 일을 노인이 똑같이 하면 무리해서 병이 발생하기 쉽다. 병이 발생하지 않는다고 하더라도 그 때문에 생으로 늙는다. 결국, 그것은 죽음을 재촉하는 일이다.

물론 알맞은 섭생이 중요하다는 것은 말할 필요도 없고 이에 보약이라는 걷기 운동, 친구도 중요하지만, 늘 같이하는 부부간의 정이 더 중요하며 인간관계서 발생하는 스트레스를 받지 말아야 하고, 받았으면 곧 해소하여 마음의 안정을 찾아야 한다. 그리고 수면을 충분히 취하여 피로를 해소하고 활력을 찾아야 하며 물이 위에서 아래로 흐르듯이 순리에 따라 살아야 한다. 그렇게 하면 교통사고나 괴질에 걸리지 않는 한, 건강하게 천수를 누릴 수 있다고 생각한다. 사람의 생사는 하나님의 뜻에 따르는 것이지만 말이다.(2015. 02. 28)

환자와 의사 간 신뢰의 중요성

공휴일에 배가 몹시 불편하고 메스꺼우며 어지럽기도 하다고 호소하는 집사람을 데리고 분당 모 병원 응급실을 찾았다. 그런데 도중에 토한 다음에 좀 상태가 좀 호전되기는 했으나 이왕에 병원에 왔기에 의사의 진찰을 받았다. 혈액검사와 엑스레이 촬영하라는 처방을 내려서 그렇게 했다. 담당 의사는 그 결과를 놓고 혈전이 있을 수도 있으니 CT 촬영하라고 추가해서 처방했다.

환자는 지금 통증은 없으나 두 끼나 먹지 못하고 병마와 시달려서 기진한 상태이고 전에 CT 촬영에 따른 부작용이 있어서 원기를 회복한 2, 3일 뒤로 촬영하러 오겠다고 하니까. 담당 의사는 2, 3일 뒤에 "시체로 올 수도 있다"고 말하더란다. 그런 말은 환자에 대한 예의가 아니다. 의사가 자기가 내린 처방에 응하지 않는다고 그런 상식 이하의 말을 할 수 있는가?

예부터 의료행위는 인술(仁術)을 베푼다고 했다. 이 인술은 사람을 살리는 어진 기술이라는 뜻이다. 이를 베푸는 의사가 환자를 앉아놓고 "시체로 올 수도 있다."고 말하는 것은 일종의 협박이며 그것이 요즘 말하는 '갑질'하는 것이다. 의사는 인술을 베풀기 전에 인간이 되어야 한다. 인간이 되어야 인술을 제대로 베풀 수 있다고 생각한다.

하기는 의사로 취업할 때 병원장이 병원의 세수확보를 위하여 의사당 수입 한도를 정해준다는 말이 있다. 급체한 환자에게 혈액검사와 엑스레이 촬영하라는 처방에 응했으나 CT 촬영은 이해할 수 없다. 이것은 병원의 세수확보를 위한 수단으로밖에 보지 않을 수 없다. 그뿐만 아니라 이 두 가지 방사선에 관하여 전문가는 될 수 있으면 중복검사를 피해 몸에 들어오는 방사선량을 최소화하는 것이 바람직하다고 한다.

병원의 세수확보도 중요하지만, 그보다 인체에 해로운 의료행위는 삼가야 하며 환자는 전적으로 의사를 신뢰하고 몸 전체를 맡기는데 급체한 환자에 대한 CT 촬영은 문제가 있다고 생각한다. 환자와 의사 간에는 신뢰가 무엇보다도 중요하다고 생각한다. 환자에게 CT 촬영이 꼭 필요하다면 전문가의 조언처럼 중복검사를 피하려고 엑스레이 촬영 처방을 내리지 말고 CT 촬영 처방을 내려야 했다. 위와 같은 처방에 따라 CT 촬영한 결과 아무 이상이 없으면 어찌할 것인가? 그때는 무슨 처방을 내릴 것인가?

모든 의사는 의사가 되기 전에 의성(醫聖) '히포크라테스 선서'(Hippocrates oath)를 한다. 그러한 선서가 없다고 하더라도 의사는 최소한의 양심으로 처방을 내려야 한다. 의사는 병원의 수입보다 환자의 건강과 생명을 더 중요시하여야 하므로 방사선 촬영은 환자에게 꼭 필요한 때만 그 양을 최소화하여야 한다는 것을 잊어서는 아니 된다.

히포크라테스(BC 460~377) 선서 중에 '나는 양심과 위엄으로서 의술을 베풀겠노라.' '나는 환자의 건강과 생명을 첫째로 하겠노라.' '비록 위험을 당할지라도 나의 지식을 인도에 어긋나게 쓰지 않겠노라'라는 대목을 오늘 담당 의사에게 상기시키고 싶다.(2016. 03. 09)

기억력

나는 일상생활을 하면서 물건을 어디에 놓고 잊고 온다든가? 계획했던 일을 잊고 못한 적은 별로 없다고 생각한다. 그런데 나이가 들수록 좀 달라지는 것 같다. 그런 것이 나타나는 것은 몇 년 전부터인데 차를 타고 나가기 전에 우체국에도 가고 은행에도 가고 시장에 가서 물건도 사고 이렇게 서너 가지 일을 하려고 마음먹고 나간다.

그런데 가끔가다가 마음먹고 나간 일 중에서 한 가지씩 빠뜨리고 오는 때가 있다. 예컨대 편지를 부친다고 했는데 그냥 온다든가? 시장에서 사야 할 물건을 다 사지 못하고 그냥 올 때가 가끔 있었다. 그렇게 되면 속상하다. 다시 나가야 한다는 번거로움이 있기도 하지만, 내가 늙어서 이렇게 된 것이 아닌가? 라고 생각할 때 기분이 좋지 않았다.

나는 비교적 기억력(記憶力)이 좋은 편이다. 크게라고는 말할 수 없으나 남보다 좀 앞선다고 생각한다. 그래서 지난 일도 잘 기억하는 편이다. 그런데 서너 가지 일을 하려고 맘먹고 나갔다가 한 가지 빠뜨리고 왔을 때 내가 늙었구나! 하는 생각을 한다.

전에 춘천에 사는 친구에게 그러한 내용을 말했다. 그 친구는 "왜 여러 개의 일을 하려고 했느냐? 한두 가지 일을 할 생각하고 그것만 했으면 잘할 수 있으며 속상해하는 일이 없었을 것이 아니냐?"고 말한 적이 있다. 그것도 맞는 말이다. 한 번 나가서 여러 가지 일을 하려 하니 헛갈려서 그럴 수도 있다. 그것이 사람의 욕심이다. 결국, 욕심 때문에 생긴 일이다.

내가 오늘 피아노학원에 가는 날인데 TV를 시청하다가 낮잠을 즐겼다. 그러고 나니 정기적으로 가야 할 곳이지만, 갈 의욕이 없어서 오늘은 가지 않겠노라고 전화하려고 휴대전화를 찾았다. 그런데 이를 찾을 수가 없다. 아무리 생각해 보아도 어디에 놓았는지 알 수 없다.

그래서 집 전화로 내 휴대전화 번호로 전화를 걸어 보았는데 집안에서는 내 전화벨 소리가 나지 않았다. 그러니 집안에는 내 휴대전화가 없다는 말이다. 집안에 없으면 내 승용차 안에 있겠지? 라는 생각이 들었다. 가끔 승용차 안에 휴대전화를 놓고 내리는 때도 있어서 그렇게 생각했다. 차 열쇠를 가지고 차고에 내려가면서 생각해보았으나 차 안에 놓고 온 것 같은 기억이 없다. 아무튼, 확인해 보아야 하므로 지하 주차장으로 내려가서 차 문을 열고 확인했으나 없었다.

허탈한 마음으로 집으로 오면서 생각해 보았다. 내

가 오늘 간 곳은 집사람을 전철역에 내려주고 은행에 간일밖에는 없다. 신한은행에서 경비원이 공과금을 직접 부스에서 입금해주었으므로 내가 휴대전화를 부스 안에 놓고 올 리가 없다. 그리고 우리은행에서 통장정리 했는데 마찬가지로 휴대전화를 어디에 놓지 않은 것으로 생각한다.

그러나 우리 집안에서 내 휴대전화를 찾을 수 없으니 은행에 가서 확인하여야 하겠다는 생각이 나서 가려다가 우리 집으로 배달된 지로(GIRO) 용지가 있어서 은행에 가는 길에 이를 가지고 가서 처리해야 하겠다는 생각이 나서 집에 되돌아와서 신용카드를 찾아서 포켓에 넣고 은행에 다 가서 그 용지를 확인했는데 그 용지가 없고 은행은 오후 4시가 넘어서 이미 문이 닫혔다. 집에 와서 확인해 보니 그 지로 용지는 책상 위에 그대로 놓여있다. 신용카드를 챙기느라고 지로 용지를 잊고 나온 것이다. 은행 문이 닫혀서 지로 용지를 가지고 갔더라도 처리하지 못하겠지만, 허망한 느낌이 들었다.

다시 휴대전화를 찾으려고 집 전화로 내 휴대전화 번호로 전화를 또 걸었으나 무응답이었다. 오늘 온 집안을 다시 찾아보고 없으면 혹 습득한 사람이 행원에게 맡길 수도 있다는 막연한 생각에서 내일 은행에 가기로 했다.

그리고 오늘 내가 아침에 일어나서 간 곳을 철저히 찾기 시작했다. 먼저 서재를 샅샅이 찾았다. 그다음 거실에 나가다가 아침에 화장실에 갈 때 카카오톡을 열어보려고 화장실에 휴대전화를 들고 간 생각이 났다. 거기에 있다고 확신했다. 얼른 가서 문을 열어보니 내가 생각했던 대로 화장실에 내 휴대전화가 있었다. 그렇게 반가울 수가 없었다.

아마 이 휴대전화를 찾느라고 한 시간 동안 생각에 생각을 더했고 상상의 나래를 펴고 또 펴보았다. 휴대전화가 오늘처럼 반가울 수가 없다. 물론 평상시에도 유용하게 쓰고 있지만 말이다.

이 휴대전화는 큰아들이 사준 것이다. 그때 갤럭시 노트Ⅱ이다. 지금은 Ⅶ까지 생산되어 불티나게 팔린다고 한다. 그러니까 내 것을 올드 모델이다. 큰아들이 최신 모델로 바꿔드린다고 하는 데 나는 반대했다. 휴대전화 계통을 잘 모르지만, 아직도 새것처럼 쓰고 있는데 구태여 바꿀 필요가 있겠느냐? 라고 말하고 반대했다.

나는 지금 잃어버린 것으로 알고 있었던 내 휴대전화를 찾아서 걱정 근심이 없어지고 마음은 평안하다. 그리고 비록 내가 늙었다 하더라도 내 기억력으로 잃어버렸다고 생각했던 휴대전화를 다시 찾아서 기분이 더 좋다.(2016. 08. 25.)

살기 좋은 주거환경

사람은 건강을 유지하려면 살기 좋은 환경에서 살아야 한다고 말하고 있으나 그동안 그 기준이 명확하게 설정해 있는 것이 없다. 그러나 2018년 국토교통부 업무 보고에 따르면 "살기 좋은 주거환경 조성"이란 제목으로 그 기준을 발표했는데 ①지속 가능한 미래형 주택 공급 확대, ②공동주택 디자인 개선, ③공동주택 소비자 권익 보호, ④공동주택 개보수 편의성 강화, ⑤공동주택 관리 사각지대 해소, ⑥관리비 투명성 제고 등에 관한 사항으로 주택의 건설 공급, 관리, 소비자 권익 보호 등 외적인 것에 그치고 말았다.

그것도 중요하지만, 거주자의 생명과 직결되는 내적인 문제가 더 중요하다고 생각한다. 사람이 살기 좋은 주거환경 기준으로 공해가 없는 곳이어야 한다. 공해에는 공기 공해의 주범인 매연도 미세먼지도 있고 식수 공해의 주범인 오물도 있고 사람의 청각을 뒤흔드는 소음 공해도 있다.

내가 수년 전에 읽은 책 속에서 영국 주거환경이 좋은 장수마을을 조사해서 그 장수 원인을 분석한 것을 읽은 적이 있다. 거기에서 첫째로 꼽는 것이 맑은 공기와 청결한 음식이다. 그리고 둘째로 주거지가 자동차 도로에서 최소한 2㎞쯤 떨어져야 한다고 한다. 전자는 사람의 신체 내부에 들어가는 것은 깨끗한 공기이어야 하고 청결한 음식을 취하되, 소량을 먹어야 한다고 했으며 후자는 도로에서 일정 거리를 두라는 것은 소음과 매연에서 멀리하자는 것이다. 이 같은 조건을 지키면 선천적으로 잘못 태어난 것이 아니거나 괴질에 걸리지 않았으면 천수를 누릴 수 있다고 한다.

그런데 우리나라는 이러한 조건을 갖춘 곳을 찾기 어렵다. 공기는 공장과 차량의 매연에서 벗어날 수 없다. 지금 농촌에도 집집이 차를 소유하고 있고 주거지역 주변에 공장이 있는 데도 있어서 매일 매연을 뿜고 있다. 가로 세로로 아스팔트로 잘 포장된 자동차 도로망이 개설되어 있어서 도시나 시골을 구분할 필요 없이 자동차의 매연이 심하다.

내가 중학교 다닐 때 지리 과목 중에서 영국 스모그(smog) 현상을 배운 적이 있다. 영국에서 산업혁명 뒤 가내수공업이 공장기계공업으로 변했을 때이었다. 현재 우리나라는 영국의 그것보다 중국에서 밀려오는 미세먼지와 나라 안에서 발생하는 미세먼지가 합해져서 국민 건강을 위협하고 있다.

물도 상수원의 관리를 잘못해서 농약, 공장의 폐수, 동물의 분뇨, 각종 쓰레기 등으로 오염은 극에 달하였다. 장마 때 내려오는 쓰레기를 보면 산더미 같다. 이래서 청정한 식수를 어찌 먹을 수 있으랴? 물론 정수시설에서 걸러내기는 하지만 말이다. 위에서 말한 공장과 차량에서 매연만 내뿜는 것이 아니라 소음은 귀청을 요란하게 흔들어댄다.

위에서 이미 말한 장마 때 산더미처럼 쏟아져 내려오는 쓰레기, 공장폐수, 동물분뇨 등은 국민의 의식수준이 낮다는 것을 의미한다. 그것이 곧 인체에 치명적인 해로움을 준다는 것을 자각하지 못했거나 비양심적인 사람들의 소행일 것이다. 살기 좋은 마을을 만드는 것은 누구 한 사람의 힘으로 이루어지는 것은 아니다.

또 하나의 살기 좋은 주거환경은 나이가 들수록 도시에서 살아야 한다고 한다. 그 이유는 외로움이란다. 물론 너와집에서 라디오 방송을 청취하면 될 것이 아니냐? 고 할 수 있으나 사람은 사람을 만나서 대화하고 살아야 한다. 그렇게 하면 좋겠지만, 꼭 친구들만 만나서, 마음에 드는 사람만 골라서 대화하라는 것은 아니다.

하나님께서 우리 인간에게 입을 주신 것은 음식을 먹는 기관의 역할을 하라고 만들어 주었겠지만, 의사를 표현하는 기관의 구실도 하게 만들어 주셨다. 그러므로 대화가 절대로 필요하다. 이것은 외로움을 달랠 수 있는 통로이기도 하다. 일본의 통계로 보면 아내를 잃은 홀아비가 3년을 넘기기 어렵다는 말과 퇴직하고 5년을 넘기기 어렵다는 말은 바로 고독병(孤獨病)이란다. 그러한 의미에서 나이가 들면 고독을 불식하고 대화하려고 도시에서 살라는 말인가 보다. 우리가 이사해야 할 때 이러한 점을 참고해야 하겠다.

내 생각에는 나이가 들수록 도시를 찾아야 한다는 또 하나의 이유가 있는데 그것은 가까운 곳에 좋은 의료시설이 있기 때문이다. 그것은 위급사항에 대처하자는 것이다.

그러므로 살기 좋은 주거환경은 공해(공기, 식수, 소음)가 없고 깨끗한 음식을 먹을 수 있는 고장이어야 하고 고독을 느끼지 않게 대화자가 있어야 하며 좋은 의료시설을 갖춘 곳으로 생각한다.(2017. 05. 03)

노인이 넘어져서는 안 되는 이유

매년 마지막 달엔 지나온 한 해를 반성하며 다음 해에 넘길 일을 정리해야 하므로 분주하기도 하다. 그런데 오늘은 분리수거의 날이라서 일주일 동안에 생긴 집안 쓰레기를 모두 정리하여 분리수거를 마치고 한 해 동안 사용했던 골프채 가방도 지난번에 장타 상으로 받은 쌀 한 포도 승용차에서 집안으로 옮기려고 손수레에 싣고 집안으로 들어왔다.

그런데 집안으로 가져온 쌀 한 포를 실은 손수레를 거실에서 끌다가 뒤로 벌렁 넘어졌다. 사고가 날만 한 곳도 아니고 다리가 꼬인 것도 아니며 발이 무엇에 걸린 것도 아닌데 갑자기 넘어졌다. 순간적으로 일어난 일이며 순간적으로 이마에 땀이 났다. 누운 채로 허리를 움직여 보았으나 움직이는 데 별지장은 없었다. 다시 일어나서 쌀 한 포를 제자리에 옮겨놓고 자리에 누우니 그때부터 허리에 통증이 왔다.

외출한 집사람과 큰며느리에게 전화해서 어찌하다가 넘어졌는데 허리를 다쳤다고 말했다. 전화를 받고 큰며느리와 큰손녀가 먼저 왔고 이어서 집사람도 왔다. 저녁이라서 집에서 할 수 있는 처방은 주무르는 것과 집사람이 제니센(Genesen)으로 시술해 주는 것뿐이다. 집사람은 "더 크게 다치지 않은 것을 다행으로 생각하세요."라고 말했다. 그런데 시간이 흐를수록 통증이 심해서 잠을 이룰 수 없었다. 그 통증을 잊으려고 주먹으로 벽을 두드리기도 했다. 그렇게 하다 잠깐 잠을 이루었다가 아픔에 겨워 잠을 깨기도 여러 번 했다. 화장실에 가려면 간신히 의자를 잡고 일어서서 책상, 책장, 피아노, 문설주와 벽을 잡으면서 갔다 왔다. 졸지에 큰 환자가 되고 말았다.

전에 젊었을 때 요통으로 고생한 적이 있었는데 그때의 아픔과 비슷했다. 기침도 어렵고 돌아눕는 데도 여간 어려운 것이 아니었다. 전에 요통 치료 효과를 보았던 한의원이 생각나서 다음 날 일찍 그곳에 가서 침 시술을 받았는데 통증은 그대로였고 한의원에서 엑스레이 촬영을 해 보시라고 권유했다.

그래서 오는 길에 신경외과를 겸한 정형외과에 들러서 엑스레이를 촬영한 뒤 진찰 결과에 관한 설명을 들었다. 신경 계통에 이상이 없고 엑스레이 촬영 결과 뼈에도 아무 이상이 없다고 말하고 단순한 타박(打撲)이라는 결론을 내렸다. 나는 한숨을 내 쉬었다. 뼈에 이상이 생겼으면 내 생명은 몇 개월 가지 못할 것인데 그 고비를 넘겨서 한 달 정도 고생하면 치료될 것으로 생각했다.

침 시술로 해결될 것 같지 않아서 정형외과에서 처방해준 진통염제(鎭痛消炎劑)와 근육이완제(筋肉弛緩劑)를 먹으면서 물리치료를 받기로 했다. 1주가 지나니까. 통증이 멎는 기분이 들었다. 한의원에서도 주변에서도 통증이 멎기 시작하면 누워있지 말고 운동하라는 권면의 말도 있고 해서 거실에서 걷기 운동을 했더니 그것이 원인이 되어서 통증이 원래대로 돌아갔다. 정형외과의 의사 선생님에게 말씀을 드렸더니 운동을 성급하게 하셨다고 한다. 좀 더 치료된 뒤에 운동하시라고 하면서 또 약을 처방해 주며 통증이 가시면 먹지 말라고 했다.

통증이 가시지 않고 계속되면 큰 병원에 가서 정밀검사를 해보시라고 했다. 그러나 나는 신경계통에 이상이 없고 엑스레이 촬영 결과 뼈에도 이상이 없으므로 시간이 해결해 줄 것으로 생각하고 물리치료를 계속 받았다.

원래 나는 1개월 치료를 받으면 어느 정도 치료될 것으로 보았는데 나의 예상은 빗나가고 말았다. 젊은 사람 같으면 회복이 빠를 것이나 나는 나이가 많으니 그 속도가 빠르지 않은 것이다. 내가 바라는 것은 치료의 속도가 좀 더디더라고 후유증 없이 치료되길 바란다.

다른 분들도 마찬가지겠지만, 나는 유난히 노인들이

넘어지면 안 된다고 강조하며 남들에게 조언하고 나도 지키려고 늘 조심하고 다녔다. 그것은 직장 동료 어머님이 건강하셨는데 별스럽지 않은 곳에서 넘어져서 6개여 월 고생하시다 돌아가셨고 나의 둘째 처남의 장모님이 아침에 일어나서 바지를 입으시다가 방안에서 넘어져서 8개월을 고생하시다 돌아가셨다.

K 방송국의 의약 전문 기자 H 씨는 '노인이 넘어져서는 안 되는 이유'로 노인들은 남녀를 불문하고 골다공증(骨多孔症)이 있어서 넘어지면 회복이 거의 어렵다고 한다. 특히 고관절(股關節)에 충격을 가하면(넘어지면) 대부분 뼈가 금이 가거나 부러지는 것이 아니라 뼈가 부서지는데 고관절이 부서지면 회복할 수 없다고 한다. 그래서 그것이 원인이 되어 욕창(褥瘡)이 생기고 그로 인하여 죽음에 이른다고 한다. 그 기간이 위에서 말한 바와 같이 6월에서 8개월 정도라고 한다.

그러므로 노인들은 넘어지지 않도록 특히 조심하여야 한다. 꼭 미끄러운 빙판이나 눈 위에서만 넘어지는 것이 아니라 안전하다고 생각되는 거실이나 안방에서도 넘어진다는 것을 명심하여야 한다. 나는 위에서 이미 말한 바와 같이 거실에서 손수레에 쌀 한 포를 싣고 옮기다가 뒤로 벌렁 넘어졌다. 그렇다고 무거운 짐을 실은 것도 아니고 넘어질 수 있는 장소도 아니다. 지금도 내가 왜 넘어졌는지 모른다. 바닥이 미끄럽다든가? 무엇에 발이 걸리어서 넘어진 것이 아니다.

자동차 사고도 위험한 곳에서는 발생하지 않는다고 한다. 사고는 주의를 기울이지 않는 곳, 안전하다고 생각하는 곳에서 발생한다. 나의 이번 사고도 주의를 기울이지 않고 평소에 안전하다고 믿고 방만하게 살아왔기 때문이라고 생각한다. 특히 노인들은 넘어지지 않도록 이 점을 특히 조심하여야 한다고 생각했다.

그렇게 생각하면서도 내가 넘어진 데 대해 의구심이 사라지지 않았다. 한참 뒤에 이비인후과 의사와 대화할 기회가 있어서 알았는데 일반적으로 노인들이 잘 넘어지는 이유는 다리가 약해지거나 정신이 흐려지거나 시력이 감퇴하거나 걸음걸이가 둔해져서 그렇다고 생각한다고 한다.

그런데 노인들이 넘어지는 이유 중 하나는 내이전정신경염(內耳前庭 神經炎)이라고 한다. 내이전정은 귀 안쪽에 있는 기관으로 균형을 감지하는 기관인데 균형감지에 이상이 생기면 잘 넘어질 수밖에 없다고 한다. 둘은 이석증(耳石症)이라고 한다. 양쪽 귀 안쪽에 있는 전정기관 벽에 붙어서 평형감각을 유지해주는 극미세한 칼슘가루인 이석이 제자리에 단단히 고정되어 있지 못하고 떨어져 나와서 있다가 몸이나 고개를 움직일 때 림프액을 휘젓게 되면서 회전성 어지러움을 유발하는 질환을 말한다. 이때 갑자기 메스껍고 구토가 생긴다고 한다. 몸을 움직이면 증상이 심해진다고 한다. 이 같은 증상이 있으면 전문의의 진찰을 받아야 하며 그러한 증상이 없는 노인이라도 1년에 한 번 정도 전문의의 진찰을 받는 것이 사고를 예방하는 길이라고 한다. 또 하나 노인이 넘어지는 이유는 치매 증상이라고 한다.

그리고 노인의 뼈는 일반적으로 약하기 때문에 넘어지면 골절 위험이 크므로 골 밀도를 측정해서 뼈의 상태를 미리 알고 이에 대한 대책을 마련하여야 한다. 치료의학보다 예방의학이 더 중요하다.(2018, 01. 08)

제4장
손자 · 손녀와 함께

처음이 중요하다

이제 만 4살 된 우리 집 손녀가 '색칠은 재미있어요.'라는 스케치북에 이미 그려있는 사람의 얼굴에 색칠을 시작했다. 입술은 붉은 색깔로, 눈썹은 검정 색깔로 색칠을 마치고 머리카락을 그리려고 크레용을 잡았다. 나는 당연히 검은색 크레용을 선택할 것으로 생각했는데 이 녀석은 노란색 크레용을 잡았다. "이 녀석아! 사람의 머리카락이 검은데 왜 노란색을 잡았느냐?"고 말했더니 이 녀석은 굳이 노란색 크레용을 잡고 칠하겠다고 했다.

그 순간 나에게 더 오르는 것이 있었다. 요즘 젊은 사람들의 머리카락을 염색했기 때문에 거리에서나 TV 화면에서 머리카락을 노란 색깔로 물들인 젊은이들도 있고 황토색, 흰색 등으로 염색한 젊은이들의 머리카락을 볼 수 있다는 생각이 떠올랐다. 우리 손녀도 아마 TV 화면에서 그런 머리카락을 보고 마음에 새겨진 것이 틀림없다고 생각했다. 노란색으로 머리카락을 칠한 다음에 황토색 크레용을 가지고 다른 그림의 머리카락을 칠했다.

나는 광복 직후 우리나라에 주둔한 미군의 머리카락

을 보고 기이하게 여겼다. 그 당시 백인들의 머리카락은 은발도 있고 금발도 있으며 흑인 군인의 머리카락은 검은 곱슬머리였다. 우리나라 사람들의 머리카락은 모두 검은 색깔인데 은발이나 금발 등을 처음 보는 것이라서 참으로 기이하게 보았기 때문에 내 마음속에 아직도 그때의 그 모습이 생생하게 남아 있다.

우리 손녀는 우리 집 식구들의 머리카락이 검은색인 것을 잘 알고 있지만, TV에 출연한 연예인들이나 이에 비친 젊은이들의 물 들린 머리카락을 기이하게 본 것이 틀림이 없다고 생각하였다. 그 본 것을 생각하면서 사람들의 머리카락 색깔을 노란 색깔, 황토 색깔로 칠했다고 생각한다.

우리는 무엇이나 처음부터 바르게 배워야 한다. 흰 색깔의 흡수지 바닥에 빨간색 또는 검은색 잉크를 떨어뜨리는 것과 같이 일단 스며들면 그대로 각인되며 쉽게 지워지지 않는다. 그렇기 때문에 처음부터 바르게 각인시켜야 한다.

특히 신앙생활을 처음 시작하는 새 신자에게 새 신자 훈련이란 과정이 있다. 입교해서 처음으로 받는 훈련이다. 이 훈련에서는 성경에 근거한 그리스도교의 기본지식을 가르치며 이 훈련에서 제일 중요한 것은 새 신자가 구원의 확신을 하게 도와주는 것이고 올바른 신앙의 토대 위에 성숙한 신앙의 인격체로 성장하여 교회의 봉사자로 발전하며 나아가서 이웃과 사회에 소금과 빛의 역할을 담당하는 자가 되도록 해야 한다. 그래서 교육은 처음이 중요하다.(2004. 04. 05)

어린 손녀의 전도

어제 우리 집 손녀는 서울 이태원에서 제 어미와 같이 가서 외국인들에게 선교한 내용을 우리 교회 홈페이지에 실은 것을 이곳에 다음과 같이 옮긴다.

“우리 집에 다섯 살이 갓 넘은 손녀가 있습니다. 이 녀석이 할아버지의 영어 발음을 곧잘 교정해 주곤 합니다. 토마토를 할아비가 ‘도마도’라고 발음하면 이를 틀림없이 ‘토마토’라고 바르게 발음해 줍니다. 제 어미가 영어의 모국에서 공부했기 때문에 어미가 영어 발음하는 것을 들은 모양입니다.

오늘 우리 교회 청년부에서 선교 영어 교육을 받은 부원들이 실습하려고 서울 이태원에서 외국인들에게 복음을 전했습니다. 외국인들을 처음 만나서 대화하려면 누구나 주저해지고 말이 잘 나오지 않습니다. 그것은 실수하면 어떻게 하나 하는 염려 때문으로 생각합니다. 말문과 귀가 열리면 어렵지 않습니다. 여러 차례의 체험이 필요하다고 생각합니다.

우리 집 귀염둥이도 제 어미를 따라서 청년부원들과 함께 외국인에게 복음을 전하러 갔다 왔습니다. 그 녀석에게 “무어라고 말하며 전도했느냐?”고 물었더니

“Excuse me, Jesus loves you."라고 하면서 전도지를 건네주었다고 합니다. 그리고 그 사람(외국인)이 "He loves you too."라고 하드란 말까지 했습니다. 그래서 전도지 몇 장을 나눠주었느냐? 고 물었더니 주저주저했습니다.(제 어미는 30장 정도라고 함)

며느리의 말에 따르면 우리 청년부원들은 실수할까봐 염려하는 눈치였지만, 복음을 잘 전했으며 선교에 열정이 있었다고 합니다. 또 성인들보다는 우리 집 꼬마가 복음을 전하니까 외국인들은 전도지도 잘 받고 귀여워해 주기도 했다고 합니다.

오늘따라 우리 손녀가 장하고 기특하며 더 예쁘게 보였습니다. 앞으로 이 아이를 통하여 만백성이 복음을 전해 받고 구원의 역사가 일어나길 기도드립니다.”
(2004. 07. 11)

아기 돌보기

저녁 식사 시간에 아들 며느리 그리고 손자 녀석이랑 같이 저녁을 먹었다. 그런데 제 어미는 그 녀석에게 정성껏 밥을 먹이고 제 아비는 찬을 먹이느라고 분주했다. 마치 알을 까고 나온 새끼 새에게 어미 새와 아비 새가 연속해서 벌레를 잡아다 먹이는 식으로 말이다. 유아용 의자에 앉히고 떨어질까 봐서 벨트를 맺는데 이것이 부자유스럽다고 울며 뒤트니까 이 녀석을 의자에서 내려놓고 밥을 먹이었다. 그러니까 이 녀석이 마음대로 돌아다니면서 밥과 찬을 받아먹었다.

그러하니 어미 아비가 밥을 먹을 시간이 없었다. 나는 식사를 마치고 서재로 자리를 옮겼다. 제 아비가 저희가 밥을 먹을 수 있도록 돌봐 달라고 하면서 그 녀석을 할아비 방으로 데려왔다.

이 녀석은 할아비 품에 안겨서 컴퓨터도 쳐보고 피아노를 치겠다고 해서 피아노 건반 뚜껑을 열어주기도 했다. 그리고 이 녀석이 서재에 오면 앨범을 넘겨보겠다고 해서 앨범을 늘 방구석에 놓아두고 있다. 이를 펼쳐 보다 싫증이 나니까 컴퓨터 의자를 붙잡고 빙빙 돌아다니다가 이번에는 책꽂이에서 책을 빼보기도 했다.

제 어미와 아비가 밥을 편하게 먹으라고 이 녀석의 뒤를 따라다니면서 돌보지만, 서재에는 이 녀석에게 위험요소가 너무도 많다. 먼저 각이 진 컴퓨터 책상이 그렇고 책꽂이도 그렇고 쇠붙이로 만든 CD 케이스도 그렇다. 그리고 이 녀석이 가끔 피아노 건반 아랫부분과 컴퓨터 책상 밑으로 들어가서 대책 없이 일어나기 때문에 머리를 부딪치는 때가 잦다.

그래서 이 녀석이 서재에 오기만 하면 제 할미나 내가 신경을 바싹 쓰고 돌본다. 제 할미라도 옆에 계셨으면 좋겠는데 나 혼자서 이 녀석을 돌보려니 신경이 이만저만 쓰이는 것이 아니었다.

그런데 이 녀석이 어디서 플라스틱으로 만든 메달(medal)을 가지고 왔다. 작년에 제 사촌 누나가 노회 주최 성경 암송대회에 출전해서 수상한 메달이다. 원형인 그 메달의 앞부분은 사람의 상반신을 상징하는 모양의 그림과 십자가 그리고 새싹을 표시하는 여린 두 잎사귀로 아름답게 디자인해서 만들었으며 황금색 줄에 꿰어있다.

그 메달의 끈을 붙잡고 휘둘렀다. 어느 틈에 쇠붙이로 마무리된 메달 줄 끝의 쇠붙이로 이마를 쳤다. 울려고 해서 호- 해 주고 쓰다듬어 주었다. 어린애의 피부라서 금방 붉어졌다. 잠시 내버렸다가 다시 끈을 붙잡고 또 휘둘렀다. 이번에는 콧잔등에 맞았다. 아프니까 곧바로 울 기색을 보여서 머리를 쓰다듬어주면서 괜찮다고 등을 토닥거려 주기도 했다.

더는 안 될 것 같아서 그 메달을 빼어 감추었다. 이마와 콧잔등에 붉은 점이 생겨서 제 어미에게 가면 할아버지는 애를 어떻게 돌보셨기에 이마와 콧잔등이 이렇게 붉게 되었을까 할까 봐서 말이다. 나는 그 메달을 빼으면서 아이를 보아 주는 것은 아무리 잘 보아 주었다고 하더라도 한 번 실수로 아이에게 탈이 생기면 그것으로써 오히려 원망만 사게 된다는 뜻인 "애 보아준 공은 없다."는 속담이 생각났다. 아무튼, 자녀들은 하나님께서 주신 선물이므로 최선을 다하여 사랑으로 돌봐야 한다.(2006. 10. 25)

하나님의 마음을 닮아가길……

작은아들 내외는 첫돌이 갓 지난 아들 녀석을 제 할미에게 맡기고 주일 1부 예배를 드리러 교회당에 갔다. 지난주까지만 해도 이 녀석을 데리고 같이 예배를 드렸는데 감기로 앓는 중이라서 부득이 저희만 갔고 제 할미가 손자 녀석을 돌보았다.

제 할미는 그 녀석에게 밤새 빚어낸 아름다운 설경도 보여 주고 평소 좋아했던 장난감도 들려줘서 한동안 잘 놀았다. 그런데 무엇이 잘못되었는지 울기 시작하더니 20여 분 이상을 계속 울었다. 그것도 성질을 버럭버럭 부리면서 울었다. 제 할미가 당황하면서 이리저리 데리고 다니면서 달래도 울음을 그치지 않았다. 계속 울어대니 할 수 없이 예배가 거의 끝날 것 같아서 아들의 휴대전화로 전화를 걸었다.

예배를 마치고 지체 없이 돌아온 제 엄마 아빠가 집 안에 들어서자마자 그 녀석은 언제 그랬더냐? 는 듯이 울음을 뚝 그쳤다. 제 할미는 그 녀석이 배가 아파서 울었을까 어디에 부딪혀서 울었을까 하면서 운 이유를 몰라서 더욱 걱정되었던 모양이다.

손자 녀석이 성깔이 있는 것 같다. 지난번 소아과에

서 예방접종을 했을 때도 지금과 같이 울었다. 이번에도 우린 알 수 없으나 무엇인가 제 성질을 건드린 것이 틀림이 없다고 생각하였다.

그 녀석의 울음이 그친 다음에 '손자 녀석의 성질이 누굴 닮았느냐?'는 곳으로 화두가 옮겨졌다. 집사람은 제 어미나 아비의 성질은 온순한 편이라고 말하기에 "그러면 그 성질은 할아비인 나를 닮았다."고 하라고 했다.

남자는 성깔이 있어야 한다. 물에 물 탄 듯, 술에 술 탄 듯한 그런 흐리멍덩한 성질이어서는 아니 된다. 남자의 성질이 무거울 때는 천금같이 무겁고 매서울 때는 한겨울 북풍과 같이 살을 엘 듯한 차가움이 있어야 하며 부드러울 때는 봄바람과 같이 포근해야 한다고 말했다.

우리 손자 녀석의 성질이 그러했으면 좋겠고 그 마음이 하나님의 마음을 닮아가길 바라면서 그렇게 되도록 기도드리겠다고 말했다.(2006.12.17)

새 생명 탄생

오늘은 잠이 다른 때보다 일찍 깨졌다. 더 자고 싶은 생각이 있었으나 잠이 오질 않았다. 6시가 좀 넘은 시각에 할미도 깨서 함께 아침 운동하려고 집을 나섰다. 가는 도중에 할미가 작은아들 네 집에서 연락이 올지도 모르는데 휴대전화를 가져오지 못했다고 걱정했다. 그 말을 듣고 나니 나도 불안해졌다. 결국, 우리는 가던 길을 멈추고 돌아서고 말았다.

집에 와서 조간신문을 반 정도 읽었는데 전화벨이 울리었다. 작은아들이다. 제 처가 산기가 있다고 하며 병원에 갈 것이니 손자 녀석을 돌봐 달라고 한다. 할미와 함께 단숨에 달려갔다. 손자 녀석은 천지를 분간하지 못하고 열심히 자고 있고 아들 내외는 병원에 갈 준비를 하고 있다.

오늘 우리 법인 감사가 있는 날인데 할미는 손자를 돌봐야 하므로 움직일 수 없고 내가 대신 감사를 받기로 했다. 10시 반부터 감사가 시작되는데 겨우 시간에 맞대서 사무실에 도착했다. 내가 감사 자료를 브리핑하고 감사를 받았다. 감사를 마친 뒤에 작은아들로부터 "오전 11시 53분에 3.2kg의 아들을 순산했다."는 희소식이 전해졌다. 나는 "축하한다."고 말하고 감사 뒷마무리를 마치자마자 며느리가 출산한 병원을 향하여 급히 떠났다.

전철을 타고 가면서 다음과 같은 생각을 했다. 작은며느리의 출산예정일은 오는 10월 5일이지만, 내가 예언의 은사가 있는 것도 아닌데 작은며느리가 9월 20일에 출산할 것이라고 말했다. 지난 31일에 산기가 있다고 생각되어서 병원에 입원했다가 하루 만에 퇴원한 적도 있고 며칠 전에도 산기가 있는 것 같다 해서 출산할지도 모른다고 생각했다. 그런데 어제까지도 이곳 시가에 와서 점심을 차려서 같이 먹고 갔다. 그런데 내가 예언한 대로 9월 20일에 출산했다. 아마 하나님께서 나를 통하여 그렇게 예언하도록 하셨는지도 모르겠다. 하기는 내가 예언한 날에 출산해서 기쁘고, 순산해서 더 기쁘다

나는 전동차의 노인 석에 앉아서 편안하게 가는데 한 할머니가 전동차의 손잡이를 붙잡고 괴로워하고 있어서 그 할머니를 내 자리에 앉혔다. 그리고 내가 서 있는 것을 보면 미안하게 생각할까 봐서 반대편 쪽으로 자리를 옮기었다. 그때 한 할아버지가 내리려고 자리에서 일어서 나오는데 60대 안팎으로 보이는 아줌마가 앉으려고 선반에 올려놓은 짐을 내리다가 뒤에 내가 서 있는 것을 보고 나에게 자리를 양보했다.

내가 대신 그 아줌마의 짐을 내려주면서 난 괜찮으니 앉으시라고 했다. 그러면서 "미국에서는 자리를 양보할 때 자리에 앉는 노인보다 서 있는 노인이 더 건강하다고 한다."고 말했더니 그 아줌마가 웃었다. 내가 전동차에서 내릴 때 그 아줌마는 나에게 "미소를 지으면서 친절히 안녕히 가세요."라고 인사했다.

전철역에 내려서 며느리가 휴식을 취하고 있는 병원을 찾아갔다. 며느리에 대한 나의 일성은 "축하한다. 순산해서 예쁘다."라고 말했다. 그리고 다음과 같이 기도하고 미리 와 있던 할미와 같이 나왔다. "고마우신 아버지 하나님! 감사합니다. 좋은 날을 택하셔서 순산케 인도해 주셔서 감사합니다. 태어난 이 아이로 인하여 그 가정이 건강하고 화평하며 번성하게 해 주시며 믿음이 굳건해져서 하나님께 영광 돌리는 가정되게 해 주시옵길 바라옵고 원합니다. 아버지 하나님! 출산부의 산후조리에 차질이 없게 도와주시고 갓 태어난 희망(태명)이가 천군 천사의 호위를 받고 하나님의 축복 가운데 무럭무럭 자라서 하나님께 열광 돌리는 귀한 아들 되게 해 주시옵길 바라오며 이 모든 말씀 우리 주 예수 그리스도의 이름으로 기도하옵나이다. 아멘!"이라고 기도를 드렸다.

출산하느라고 힘이 든 사람은 작은며느리이고 그 뒷바라지를 하면서 초조했던 사람은 작은아들이다. 그리고 할미는 혼자 있는 손자를 돌보느라고 신경을 썼으며 오전 2시쯤부터 오후 6시까지 가사도우미가 손자를 돌보았는데 큰며느리가 그 녀석을 돌보려고 6시 이전에 작은 집에 가서 그 녀석을 데리고 할미 집으로 왔다.

저녁때 큰어미가 제 어미와 함께하지 못하는 그 녀석의 공허한 마음을 달래기나 하듯이 그 녀석을 데리고 나가더니 장난감을 사서 돌아왔다. 참! 기분이 좋은 모양이다. 제 큰엄마가 장난감을 깨끗이 씻어 주었다. 그것이 엄마의 마음이다. 좋은 분위기에 좋은 장난감을 가지고 기분 좋게 놀라는 뜻이다.

큰며느리는 딸 둘을 낳고 제 동서가 첫 아이로 아들을 그리고 이번에도 아들을 순산했다. 그렇다고 해서 큰며느리가 시샘하는 것이 없다. 내 새끼처럼 조카아이를 돌보았다. 그 마음이 넓고 크며 포근하다고 생각했다.(2008. 09. 21)

아들딸 구별 말고 하나 더

어젯밤에 손녀 두 녀석이 할아버지가 좋다고 함께 할아비 방으로 왔다. 두 녀석은 할아비 양편에 누어서 각각 할아비 손을 잡고 잠들었다. 새벽에 손등이 가렵고 불편해서 잠을 깨었는데 모깃소리가 왱왱거리었다. 문을 활짝 열어 놓고 두 녀석은 제 어미 아비가 자는 방으로 갔다.

우리 집은 관악산 나무숲에 인접해 있는 집이라서 검은색 산모기가 있다. 그 녀석들이 할아비와 함께 잔다고 하기에 모기 매트에 불을 붙어서 모기를 제거하고 냄새가 다 빠지게 한 다음에 이부자리를 까는 등 정성을 다하여 그 녀석들을 데리고 잠을 잤다. 그런데 그 녀석들이 문을 활짝 열러 놓고 나가는 바람에 거실에 있던 굶주린 모기들이 다 들어와서 잠을 잘 수가 없었다. 그래서 홑이불을 들러 쓰고 잠시 눈을 붙었다. 그래도 잠이 부족해서 가슴이 울렁거렸다. 이렇게 두 손녀와 함께 자는 신고식을 톱톱하게 했다.

밤마다 할아비와 함께 잠을 잤었다면 모르겠는데 제 집에서 제 어미 아비와 같이 잠을 잤던 녀석들인데 마음이 그렇지...... 할아비와 함께 잠을 자기가 쉽지 않았을 것이다. 내 생각에는 저의 집 잠자리가 아니기 때문에 편하지 않았을 것이며 깊은 잠을 들지도 못했을 것으로 생각하였다.

나는 아침 식사를 하면서 "이 녀석들이 편하게 잠자려고 제 어미 아비 방으로 간 것은 좋은데 문을 활짝 열러 놓고 가서 할아비가 모기에 많이 뜯기었다."고 말했더니 제 어미 아비가 웃었다. 어찌했든지 간에 그 녀석들이 모기 물리지 않고 잠을 잘 잤다면 좋겠다.

우리 집에서 잠을 잔식구는 다 주일 1부 예배에 참석했는데 작은아들 집에서 잔식구들은 작은아들을 제외하고는 2부 예배에 모두 참석했다고 한다. 할미는 손자 녀석이 자정이 넘도록 잠을 자지 않았고 또 새벽에 일어나서 잠을 제대로 이루지 못했기 때문이라고 한다. 어젯밤은 손녀 손자로 인하여 할아비와 할미가 잠을 제대로 이루지 못하는 수난을 겪었다.

제 아비와 같이 제 어미를 만나고 온 손자 녀석에게 점심을 먹여 할미와 함께 태워서 제집에 데려다주고 온 뒤에 큰며느리와 함께 희망(태명)이를 보려고 병원에 또 갔다. 출산한 며느리는 몸에 부기도 없고 불편한 곳도 없는 것 같다. 어미는 희망이에게 초유(初乳)를 먹이느라고 간호사와 함께 애를 쓰고 있다. 이 초유에는 자연적 면역성분(免疫性分)과 성장인자(成長因子)가 풍부하기 때문이다.

우리는 희망이와 첫 상견례를 했다. 저야 할아비가 왔는지, 큰어미가 왔는지, 4촌 누나가 왔는지 모르겠지만, 우리는 상견례를 했다. 다른 아기들에 비하여 이목구비가 뚜렷하고 균형이 집힌 것 같다. 제 어미의 말에 따르면 애가 보채지 않는다고 했다. 그래 보채지 않으면 어미가 고생을 덜 한다. 그런 상태로 무병하게 무럭무럭 자라기 바란다고 마음으로 기도했다.

작은 어미는 내일 퇴원하면 막 바로 미리 정해 놓은 산후조리원으로 간다고 한다. 원래는 2주를 예약한 모양인데 어미가 1주일로 단축할 생각이라고 한다. 그에 대하여 아비가 제 형수와 상의하는 것을 들었다. 그 이유는 어미가 큰 녀석과 너무 오래 떨어져 있는 것이 마음에 걸리는 모양이다.

오늘도 할미는 손자와 작은아들 집에서 잠자고 그곳에서 아들과 손자의 수발을 들고 손자를 유치원에 보낸 뒤에 출근할 것이다. 집사람이 몸이 피로할 것으로 생각한다. 병나지 않고 잘 견디어 내기 바란다. 큰며느리는 이곳에서 나와 함께 저녁까지 먹고 이번 주 토요일에 또 오겠다는 말을 남기고 밤늦게 제집으로 떠났다. 하기는 같은 교회를 섬겨서 주일에 이곳에 와서 식구가 하룻밤을 쉬는 것도 좋고 또 나는 편해서 좋다. 나는 식구가 많은 것이 좋은데 나에게는 많은 식구 복이 없나 보다.

큰아들은 제 제수의 순산을 축하하고 큰아빠로서 희망이를 첫 상견례를 하고 간다고 밤 9시가 넘어서 연락이 왔다. 큰아들은 딸만 둘을 둬서 늘 마음 한구석이 비어 있는 느낌일 것으로 생각한다. 남아선호는 아니지만, 듬직한 아들을 두고 싶은 마음이 없을 리가 없다고 생각한다. 나는 딸만 둘이니 아들을 키워보는 것도 좋겠다는 뜻에서 아들을 하나 낳았으면 좋겠다고 할미를 통해서 말했다. 시도하다 또 딸이면 어떻게 하냐? 라고 전해왔기에 아들딸 구별 말고 하나 더 라고 말했다.

할미는 어제 작은며느리의 출산에 대하여 신경을 썼지, 어미 떨어진 손자를 돌보았지, 직장에서 일하는 등 그래서 심신으로 지친 것 같다. 나이도 있으니 편히 쉬어야 한다. 다른 기관에서는 토요일에 휴무인데 우리 법인은 사정상 수요일에 쉰다. 그것은 수요예배를 의식해서 그렇게 정한 것이다. 이 기회를 이용하여 할미가 만성 피로에서 벗어나기 바란다.(2008. 09. 21)

제왕의 자리

작은며느리의 셋째 출산 예정일이 내일이다. 그동안 진통이 있어서 산부인과에 두 번이나 갔다 왔는데 병원에서는 그것은 가진통(假陣痛)이라고 말하면서 집으로 돌려보냈다고 한다. 출산예정일이 임박하니까 걱정된다. 초산이라면 모르겠는데 세 번째 출산하는 것이어서 일반적으로 예정일을 앞당겨 출산한다는데 내일이 예정일이라고 하니 걱정하지 않을 수 없다. 오늘 작은며느리 담당 주치의가 출근하는 날이라서 오후 2시쯤 병원에 가 본다고 했다. 그 주치의의 말에 따라서 입원 여부가 결정될 것이다.

외출 중에 작은아들이 전화했다. 어미를 입원시켰다고 한다. 나는 운전 중이라고 말하고 내가 집에 도착했을 때 다시 통화하자고 했다. 다른 날보다도 급하게 오후 5시쯤 귀가해서 통화했는데 지금 제집으로 가시라고 한다. 나는 집사람과 전화해서 석수동 작은아들 집으로 가라고 했다. 재하(큰손자)가 기침을 많이 한다. 재원(작은손자)은 가사도우미가 오후 5시 반쯤 유치원에서 데려왔다. 이 녀석은 이곳저곳을 돌아보더니 침통한 모습으로 "엄마가 보고 싶다."고 했다.

제 할미가 오시니까 같이 놀다가 슬그머니 출입문을 열고 "엄마 빨리 와!"라고 여러 번 애절하게 엄마를 불렀다. 엄마 생각이 난 것이다. 나의 마음이 울적했다. 동물의 새끼는 대부분이 어릴 적에 다 어미를 찾는다. 어미로부터 식량인 젖을 공급받고 어미의 보호를 받고 산다. 그렇게 하면서 사랑이 움트고 의지하고 살아와서 엄마밖에 모른다. 그 엄마가 없으니 허전하고 쓸쓸하고 자꾸만 엄마 생각이 나는 것이다.

큰손자는 그래도 컸다고 느긋함이 있다. 작은 녀석만 자꾸 엄마를 찾아서 제가 좋아하는 TV를 켜주었다. 잠시 앉아서 보기는 했으나 마음은 엄마에게 가 있다. 그 엄마를 대행할 사람이 없다. 엄마를 찾다가 아빠도 찾았으나 엄마를 대신할 수는 없다. 그런 모습에서 애절한 생각이 또 들기도 했다.

나이가 들면 엄마와 멀어지는 것은 당연하다. 그러나 지금은 엄마를 찾는 맘이 저 스스로 사그라지는 수밖에 없다. 출산한 뒤에 앞으로 2주 동안 산후조리원으로 가 있을 텐데 걱정이다. 물론 그동안 작은 녀석이 몇 번 엄마를 만나러 갈 것이다. 산후조리 중인 때 제 엄마를 만나면 아무렇지도 않고 기쁘겠지만, 산후조리를 마치고 집으로 돌아오면 상황이 바뀔 것이다.

그동안 작은 녀석이 제왕(帝王)의 자리에 있었는데 이제는 그 자리를 동생에게 내놓아야 한다. 그것은 자의가 아니라 타의에서 그렇게 하게 된다. 그것은 하나님께서 그렇게 하라고 하신 것이다. 그때 허전함이란 말할 수 없을 것이다. 시기도 질투도 해 보기도 하겠지만, 그것으로 해결될 문제가 아니다.

아무튼, 제왕의 자리를 이양하게 되면 엄마의 관심도 전보다는 작은 녀석에 덜 갈 것이다. 그러나 어미의 사랑이야 변할 수 있으랴..... 하나님께서 주신 사랑인데 말이다. 앞으로 우리 작은손자가 꼬이지 않고 그 자리를 떠나서 잘 자라기 바란다. 시간이 지나면 지금과 같은 엄마에 대한 생각이 누그러질 날이 있을 것이다. 그것이 바로 순리이다. 네 언니도 그러했으니 말이다.(2011. 03. 14.)

제5장
자연에 묻혀서

자연에 묻혀서

날씨가 청명하고 산하에는 흰 눈이 덮인 비교적 추운 날씨이다. 산야가 흰 눈으로 덮여서 들짐승이나 날짐승들은 먹이가 없어서 고통을 당하고 있을 것이 분명하다. 날씨가 추워서 자연도 움츠린 것 같았다. 비록 공기가 차갑다고 하더라도 피부로 느끼는 것보다 흡입했을 때 가슴속에서 느끼는 그 맛이 싫지는 않았다.

나는 4계절을 서재에서 보내는 시간이 많다. 그렇다고 해서 내가 무엇을 연구하는 학자는 아니다. 서재에는 물론 책이 있고 내가 잘 치지는 못해도 내가 좋아하는 피아노가 놓여 있다. 가끔 찬송가를 치면서 무료를 달래기도 한다.

우리 집은 3층짜리 맨션 중 3층인데 나의 서재는 출입구를 들어서면 오른쪽 끝 방이다. 그리고 서재에 들어서면 창문을 통하여 관악산기슭의 소나무 숲이 한눈에 잡힌다. 나는 창문 앞에 놓여 있는 책상 앞에 앉으면 가끔 그 초록 색깔의 나무숲을 싣고 있는 산을 바라보며 자연을 즐긴다. 자연 속에서 자연을 바라보고 자연을 음미하면서 사는 것은 즐거운 일 중의 하나이다.

어느 분인가 '눈의 피로를 덜기 위하여 초록 색깔의 나무숲을 바라보라'고 한 생각이 난다. 이 나무숲의 초록 색깔은 여름에는 엷은 녹색이나 한겨울은 짙은 녹색으로 변한다. 눈이 내리면 숲의 모습은 설경으로 아름다움의 극치를 이룬다. 날씨가 좀 차갑기는 하지만, 나는 신선한 바람을 서재로 초대하려고 북창을 연다. 뺨에 와 닿는 찬바람은 매서운 기운이 있기는 하나 방안에 들어와서는 그 기운이 약해진다.

까치 한 마리가 열린 북창의 인방(引枋)에 날아와 앉았다. 이곳에 먹이가 있을까 하고 와서 앉았는지, 아니면 잠시 쉬어가려는 심사에서 앉았는지는 알 수 없으나 나는 기분이 좋았다. 가축이 아니고 들의 날짐승이 내 창문의 인방까지 찾아들었다는 데 의미가 있다. 그런데 오래 머물지 않고 날아가 버렸다. 멀리서 볼 때는 사람이 보이지 않았으나 가까이 와 보니 사람이 있어서 두려워서 날아갔을 것 같다.

들짐승이나 날짐승이나 겨울이 되면 먹이로 고생을 많이 하는가 보다. 그렇지 않아도 먹을 것이 없는 겨울인데 거기에다 설상가상으로 눈으로 대지가 덮이면 먹이를 찾는 데 어려움이 많을 것이다.

내 친구가 미국 시카고 영사관에 근무한 적이 있는데 그곳에는 겨울에 눈이 많이 쌓이기로 이름이 나 있는 곳이라고 한다. 그 친구의 말에 따르면 눈이 많이 내리면 단층집 추녀까지 눈이 쌓인다고 한다. 이때 짐승들이 민가를 찾아오면 민가에서는 그 짐승들에게 먹이를 준다고 한다. 그것이 자연 사랑이다. 나는 그 친구의 이야기를 생각하면서 마음속으로 그 까치가 내 창가에 잠시 앉아있었다면 모이를 가져다줄 생각도 했다.

내가 농촌 출신이긴 하지만, 이렇게 가까운 거리에서 까치를 본 적은 이번이 처음 있는 일이다. 까치는 우리 고장을 지키고 사는 텃새이다. 우리 주변에 텃새가 까치뿐이 아니다. 텃새에는 까마귀, 참새, 꿩, 올빼미, 크낙새, 딱따구리 등 여러 종류가 있다. 텃새가 많다고 하더라도 그중에서 사람들은 일반적으로 까치를 좋아한다. 그래서 한때 까치를 우리나라의 국조(國鳥)로 지정하자는 여론이 있었다.

까치는 흰색과 검은색이 아름답게 조화를 이룬 옷을 입었고 부리와 다리는 검은색이며 외모가 깔끔하게 보인다. 우리나라 울릉도를 제외하고 어디서나 볼 수 있는 새가 바로 이 까치라고 한다. 나는 까치가 또 날아올까 하는 기대심리에서 매일 아침 이맘때쯤에 북창을 열고 모이도 가져다 놓았다. 그리고 날아왔다가 날 보고 두려워서 또 날아갈까 봐 좀 먼발치에서 그 움직임을 감상할 생각을 했다. 만약에 까치가 자주 날아올 때 나와 가까워질 수도 있다는 생각도 해 보았다. 그러나 까치는 산기슭에서 지적일 뿐 날아오지 않았다.

집사람과 같이 성지를 순례하려고 이탈리아 앗시시(Assisi) 지방에 간 적이 있다. 그때 성 프란시스코가 신앙생활을 했던 교회를 찾아갔다. 가이드의 말에 따르면 그분은 날짐승인 새들과 대화했다고 설명했다. 그 뜻을 표시하려고 그랬는지 비둘기를 안고 있는 그분의 동상을 보았다. 그때 어찌하면 새와 친해질 수 있을까 하는 생각을 한 적이 있다. 아마 믿음이 좋아서 그랬나 보다만 생각했다.

들짐승이나 날짐승도 그들 나름대로 대화를 한다고 한다. 우리 인간은 그들의 대화를 알아들을 수 없으므로 그들이 의사표시를 어떻게 하는지 알 수가 없다.

과연 까치와의 대화는 가능할 것인가? 나는 오늘도 북창을 열어 놓고 까치가 날아오길 기다렸다. 멀리 떠난 임을 기다리는 마음으로 말이다.

경칩(驚蟄)을 지났으니 앞으로 눈이 오지는 않을 것이다. 그러면 까치가 내 창가에 찾아들지는 않을 것으로 생각했다. 내년에 눈이 많이 내리면 까치가 먹이를 찾아 민가에 내려올지도 모르겠다는 생각이 들었다. 오늘 가까이서 까치를 만났던 생각을 안고 살아가련다.

오늘은 눈을 밟고 싶은 충동이 일어나서 물병이 든 배낭을 메고 관악산 설천 약수터에 올랐다. 눈을 밟는 그 감각이 좋고 눈 사이로 삐져나온 소나무 잎의 푸른 색깔이 신선해 보였다. 심호흡해 차가운 공기를 들이마시며 약수터에서 맑은 물을 받았다.(2000. 03. 08)

한여름의 추억

올해도 반이 꺾어졌고 또 한 달이 지나는 마지막 날이다. 그간 산의 푸름은 짙은 색깔로 변했다. 나무들이 겨울을 준비하는 시기로 접어든 것 같다. 그간 무성하게 자란 나무들은 꽃이 피었고 열매를 맺을 것이며 활엽수는 우리에게 아름다운 단풍을 제공해 주고 침엽수는 겨우살이 하려고 해 묵은 이파리를 떨어뜨리어야 할 것이다.

작렬하는 햇볕으로 대지의 습기는 조금씩 말라서 살갗으로 느끼는 촉감이 신선하다. 그간 80도를 넘나드는 습기로 얼마나 축축함을 느꼈던가? 그간 매미들은 무더웠던 더위를 토해내듯이 우렁차게 울어댔다. 여러 종류의 매미들이 합창하는데 그중에서도 말매미의 울음소리가 굵은 선을 그렸다. 이제 기세등등한 말매미 소리는 간헐적으로 들린다. 매미의 전초병인 쓰르라미가 다시 등장하게 되면 더위와 같이 매미의 울음소리도 한풀이 꺾인다.

옛날 어른들의 말씀을 따르면 쓰르라미가 다시 나타날 때는 서늘한 바람을 동반한다고 했다. 아직 말복이 지나지 않았다고 하더라도 그렇다. 나는 어릴 때 손으로 매미를 잡았는데 요즘 도시 아이들은 곤충채집용 그물채를 가지고 산에 오른다. 얼마나 많은 매미를 채집했는지 모르겠다.

매미의 이야기를 하다 보니 옛날 어린 시절의 고향 생각이 절로 난다. 그 시절 같이 놀던 친구 중 한 친구만 생존해 있고 모두가 유명을 달리했다. 여름밤이면 반딧불을 잡으려고 남의 집 콩밭을 뛰어다니다가 밭주인의 꾸지람을 듣던 생각도 나고 검은색 고무신으로 시냇물을 퍼서 송사리를 잡던 생각도 나며 감나무에 올라갔다가 쐐기에 쏘인 생각도 있고 지게를 지고 땔감으로 갈잎을 베려고 산에 오르다 뱀을 보고 놀란 생각도 난다.

어찌 이것뿐이랴? 하도 모기가 많아서 마당 한 귀퉁이에 매 놓은 소가 연신 꼬리를 치고 머리를 흔들며 잠을 이루지 못해서 근방 두 곳에 모닥불을 피어서 그 연기로 모기를 멀리 쫓아내 준 일 그리고 낮에 베어다 놓은 꼴을 소에게 주었던 일도 생각난다.

그렇게 모기가 많았어도 우리 집은 모기장이 두 개나 있었다. 하나는 할머님께서 쓰셨고 또 하나는 우리 어머니와 아버지 그리고 내가 사용한 것으로 기억한다. 그때 일제강점기 말인데도 작은아버지께서 그 모기장을 사 오셨다는 말을 들은 적이 있다. 그때 시골 농촌에는 벽지를 바르고 산 집이 우리 집을 제외하고는 별로 없는 것으로 생각한다. 그러니 모기장을 치고 모기의 공격을 피하면서 산 집이 몇 집이 되지 않았다.

그런대로 나는 유복한 가정의 막내아들로 태어나서 유년기를 귀여움만 받으면서 산 것으로 기억한다. 내가 자란 우리 집은 현재 큰집이 있는 농촌의 건너편 쪽에 있었다. 꽤 규모가 큰 집이었는데 지금은 헐려지고 그 집터는 남의 채소밭으로 변했지만, 그 집에 추억이 많이 서려 있다. 하기는 내가 대학교에 입학하기까지 그 집에서 살았으니 말이다.

나이가 들면 추억에 산다는 말이 있다. 하기는 미래지향적인 생각이 전혀 없는 것은 아니지만, 노인들이 일할 수 있는 분야가 좁다. 그래서 인터넷에 매달리어 변해가는 세태를 접하기도 한다. 노인이라도 자기가 할 일을 발굴·개척하여 꾸준히 노력하여야 한다. 그것이 건강을 유지하는 데 큰 도움이 된다고 한다. 무더운 한여름에 정자나무 밑에서 명상을 즐기는 것도 좋다.(2000. 07. 31)

성큼 다가선 인생의 겨울

오늘따라 P.B. 셸리(1792~1822)의 "겨울이 오면 봄도 머지않으리.(If winter comes, can spring be far behind?)" 라는 시구가 떠오르는데 벌써 올해 입춘이 지났다. 지난달 하순만 해도 날씨가 살을 엘 듯한 혹한이었으나 지금은 온화한 날씨를 보여주고 있다. 이 온화함의 극치가 무더운 여름을 당기고 이어서 가을을 오게 한다. 이렇게 계절의 순환은 계속된다.

이에 따라서 우리 인간도 흘러간다. 네가 앞서가면 내가 뒤따라가고 내 뒤에도 수많은 사람이 밀물처럼 따라오고 있다. 이것은 자연의 순리이다. 염량도 온랭도 때를 알아서 오듯이 생물은 태어나서부터 해가 갈수록 자라고 병들고 노쇠해지고 그런 과정을 거쳐서 사라지게 마련이다. 그것은 세월이 가져다준 선물이다.

살다 보니 내 늙음을 친구의 얼굴에 생긴 주름에서 찾아볼 수 있다. 우리 인간도 세월이라는 수레바퀴 속에 맞물려서 돌아가므로 한 치의 오차도 없이 늙어간다. 나는 많이 늙었는데 너는 그렇게 늙지 않았다고 부러워할 필요가 없다. 어차피 세월 따라 같이 흐르니 말이다.

살다 보니 노병(老病)은 먼저 치아로부터 오더라. 일반적으로 충치가 생기고 신경치료를 받고 크라운을 씌우고 그래도 견디지 못하면 발치한 뒤에 틀니를 하거나 임플란트를 해서 소화를 돕는다.

살다 보니 40대 후반부터 가까운 것이 잘 보이지 않더라. 고지서나 신문을 읽기 어려우며 어느 때는 더 잘 보이지 않고 머리도 아프다. 안과 의사는 노안이란 진단을 내렸다. 그 의사는 돋보기안경을 맞추라고 권면했는데 기분이 좋지 않아서 그냥 집으로 돌아오고 말았다. 그다음 날 집사람의 권유도 있고 불가피하게 돋보기안경을 써야 불편함을 덜 수 있을 것으로 생각하여 그 안경을 맞춰 썼다. 이를 쓰고 고지서나 신문을 보니 눈이 시원한 느낌이 들었고 막힌 것이 뻥! 뚫리는 기분이었다.

살다 보니 이제는 눈이 침침해지더라. 눈을 비벼보고 씻어보아도 그렇다. 안과 의사의 진단 결과 백내장 수술을 받으라고 권면했다. 나는 70대 끄트머리에 백내장 수술을 받았다. 시력이 1.0 정도로 좋아져서 전동차 안의 전철노선도의 잔글씨가 잘 보였다. 두 번째의 뻥! 뚫린 기분이 들었다. 돋보기안경을 책상 서랍에 넣어두었다.

그렇게 살다 보니 그다음에 찾아오는 것이 난청이더라. 70대 후반의 지인은 말이 잘 들이지 않아서 이름

있는 이비인후과에서 정밀 검사를 받은 결과 노인성 난청이라는 진단을 받았다고 한다. 그 지인은 이비인후과를 나오면서 "저 의사 돌팔이군 먼!"이라고 말했다고 한다. 자기 신체의 일부 기관이 좋지 않다는 진단 결과에 기분이 상했다는 말이다. 그러나 사실이 그런 것을 어찌한단 말인가? 나도 종합건강진단 결과 노인성 난청이라는 진단을 받았다. 불편하시면 보청기를 끼우시라는 권고를 받았는데 냉큼 보청기를 사러 가는 발걸음이 떨어지지 않았다.

그것은 아직 보청기를 끼우지 않아도 별 불편을 느끼지 못한다는 생각에서 인지, 아니면 늙음을 거부하고 싶은 심리에서 보청기를 사러 가기가 싫은 것인지도 모른다. 앞으로 불가피하게 보청기를 끼워야 할 것을 대비하여 보청기에 관해서 알아보았다. 국산제, 미국제, 독일제 등의 보청기가 있고 그 종류로 고막형, 귀속형, 오픈형, 귀고리형 등 다양하게 있다.

그런데 이나 눈이나 다른 질환은 안 그런데 귀가 어두니까 사람과 멀어진다. 모임에 가고 싶은 뜻이 없고 대화를 피하는 현상이 일어난다. 내가 너를 알고 네가 나를 아는 것은 대화를 통하여 이루어진다. 즉, 마음과 마음을 섞는 것이 대화이다. 물론 의사소통은 몸짓이나 그림이나 글을 통하여 이루어질 수도 있으나 이런 것들은 속도가 느리고 표현이 부족하다. 언어 자체가 불완전하지만, 그래도 말은 그때그때 부족한 것이 있으면 말로써 보충할 수 있으나 말을 못 한다든가? 귀가 들리지 않을 때 소통은 부재이며 마음을 섞을 수 없다고 생각한다.

막힌 대화의 벽을 허물기 위하여 보청기를 사기는 곧 사야 할 것 같다. 가족과 가까이 지내고 지인들에게 내 맘을 전하고 상대방의 맘을 전해 받기 위해서 말이다. 만나서 상대방의 말을 듣지 못하면 만남의 의의가 반으로 줄어든다. 보고 싶은 사람을 보는 것만으로도 뜻이 있겠지만, 대화를 나눔으로써 온전한 만남이 될 수 있다고 생각한다.

살다 보니 나도 모르게 피부에 긁힌 자국이 새겼다. 애들이 코피 난 것을 보고 울듯이 내 피부에 피가 난 것을 보고 그때야 내가 상처를 입었구나! 하고 생각한다. 내가 어느 때 어디서 상처를 입었는지 알 수 없다. 그만큼 촉각이 무뎌졌다는 것이다. 그렇게 오감(五感)은 무디어간다.

그리고 허리에도 통증이, 무릎관절이나 팔의 관절에도 가끔 통증이 온다. 오는 것을 어찌하랴....... 통증을 안고 살 수는 없지 않은가? 치료를 받아서 통증 없는 삶을 누리어야 한다. 그러나 그러지 않거나 허리나 다리 등을 사용할 수 없으면 인공관절을 끼워야 할지는 그때 가서 심각하게 고민해 보아야 할 것이다.

이러한 것들이 다 노화가 가져다준 선물이니 겸허히 받아드릴 수밖에 없다.

그렇게 살다 보니 나에게도 조석으로 서늘한 바람이 불어오고 대낮의 따가운 햇볕은 울긋불긋하게 나뭇잎을 익혔으며 어느새 내 머리 위에도 흰서리가 내렸고 성큼 겨울이 다가섰다. 알찬 열매는 간데없고 앙상한 나뭇가지에 시들은 이파리가 몇 개가 매달려 있을 뿐, 혹독한 추위와 세찬 북풍을 맞을 채비를 못 한 채 흘러왔다. 문득 슈베르트의 "겨울 나그네"(die winterreise)가 생각난다.(2016. 02. 05)

선유도에 다녀와서

광교산 기슭에서 자연에 묻혀 살다 보니 마음이 답답하고 친구가 생각나서 어제 집사람에게 귀띔은 했지만, 아침 일찍 서천을 향하여 길을 떠났다. 난 원래 아침 일찍 외출하게 되면 집사람을 깨는 법이 없다. 나 혼자서 밥을 차려 먹고 살며시 나간다. 그것은 집사람이 피로한 데 아침잠이나 많이 자야 하지 않겠나? 하는 생각에서이다.

이곳에서 마을버스를 타고 미금 전철역에서 전철을 이용하여 수원까지 가서 그곳에서 8시 1분에 출발하는 무궁화호를 타고 서천에 간다고 친구에게 전화했다. 서천역에 도착한 시각은 10시 반쯤이었으며 마중 나온 친구의 차를 타고 친구 집에 가서 찬 한 잔을 먹고 담소하다가 점심 먹을 겸해서 군산 시내를 향하여 달렸다.

지난번 가까운 친구가 군산 선유도(仙遊島)를 갔다 왔다고 하면서 기회가 있으면 한 번 가보는 것이 좋을 것이라고 해서 지금 군산에 가고 있으니, 친구 차를 타고 선유도에도 갈 수 있다는 생각이 들었다. 우린 군산 시내에서 유명한 꽃게음식점에서 꽃게 정식으로 점심을 먹고 선유도를 향하여 출발했다.

우린 새만금 방조제 위에 신설된 도로를 타고 선유도를 향하여 달렸다. 서울시 등 대도시에는 차가 막혀서 운전하기 어려운데 이곳은 차의 수가 적을 뿐 아니라 양면이 망망한 바다라서 답답한 가슴이 뻥! 뚫리는 기분이었다.

새만금 방조제는 대사업이므로 약간 터치하고 가자. 이는 전라북도 군산시와 김제시, 부안군을 이어주는 세계에서 가장 긴 방조제(33.9km)이다. 1991년 11월 16일에 착공하여 약 19년 뒤인 2010년 4월 27일에 준공하였다. 새만금 간척사업의 주된 공사가 바로 이 방조제 건설이었다.

벼 증산을 위한 새만금 방조제 건설공사는 본래의 목적과는 달라졌으며 이 방조제 공사에 따른 생태계의 변화로 서산간척사업 천수만 사례와 같이 개펄이 없어지고 어획량이 급감했으며 변산 해수욕장의 사빈(沙濱) 침식이 가속화되고 시화호 방조제 사례를 통해 살펴본 수질오염 문제가 일어날 것으로 전문가들은 보고 있다.

우린 새만금 방조제 위에 개설된 도로를 따라서 선유도를 향하여 계속 달렸다. 공기는 신선했으며 먼 바다엔 농무가 끼어있었다. 넓은 자동차도로를 따라가다가 보니 선유도의 안내표지가 없으며 장자도(壯子島) 표지만 있었다. 친구와 같이 주차장 근방의 매점에서 추억의 호떡을 사 먹었으나 옛날에 먹었던 호떡은 아니었다. 상점 여점원의 설명한 대장도(大長島) 산기슭까지 걸었다. 옛날 같으면 장자 할매 바위 근방까지 올랐을 텐데 그런 기력의 나이가 아녀서 할배를 바라보는 할매처럼 할매 바위를 바라보다가 아름답게 지어놓은 펜션에 눈길을 옮겼다.

오른편에 장자도를 끼고 나오는데 선유도를 보지 못한 아쉬움으로 돌아오는 길에 그 섬을 찾았으나 찾기 힘들었다. 이곳저곳을 살펴보다가 행인에게 물어서 되짚어서 장자도 쪽으로 가다가 선유도해수욕장 쪽으로 방향을 잡아서 가는데 도로 공사 중이라서 가기가 힘들었다. 해수욕장의 개장을 앞두고 도로 확장공사를 하는 것으로 생각되었다. 해수욕장을 왼편에 끼고 선유도 정상을 향하여 갔는데 길이 불편하여 정상을 바라만 보았다.

동기는 먼저 다녀온 친구의 소개로 선유도의 아름다움을 찾았는데 난 막연한 생각으로 선유도 하면 한자로 신선이 놀은 섬 仙遊島라는 생각이 들었다. 뒤에 안일이지만, 사실은 외국 사신단(使臣團)과 세곡선(稅穀船)들의 정박지라고 한다. 아무튼, 선유도는 망주봉을 주봉으로 하는 한 폭의 그림처럼 자연경관이 아름답다.

선유도는 면적이 넓지 않아서 도보로 경관을 구경하기에 좋으나 전기차나 자전거를 대여하므로 이를 이용할 수 있으며 선유도 해수욕장 모래가 깨끗해서 해수욕하기에 적지라고 한다.

우린 선유도만 생각하고 갔지만, 넓게 고군산도(古群山島)를 생각하지 않을 수 없다. 이는 군산시의 서남쪽 약 50㎞ 해상에 위치하며, 옥도면에 소속되어 있는 군도(群島)이다. 선유도(仙遊島)를 비롯하여 야미도(夜味島), 신시도(新侍島), 무녀도(巫女島), 관리도(串里島), 장자도(壯子島), 대장도(大長島), 횡경도(橫境島), 소횡경도(小橫境島), 방축도(防築島), 명도(明島), 말도(末島) 등의 63개의 섬으로 구성되어 있고 그중 16개가 유인도이다.

군산에서 고군산군도의 중심인 선유도까지는 약 50㎞이고 가장 동쪽 섬인 야미도에서 가장 가까운 육지인 군산시 옥서면 화산까지는 12㎞이다.

고군산군도는 예로부터 '선유 8경'(仙遊八景)이라 하여 수려한 자연경관으로 유명하다. 새만금사업(1991~2020)의 추진과 함께 국제해양관광단지 계획이 추진 중이다. 이 사업이 완공되면 고군산도의 여러 섬이 육지와 이어져 관광지로 주목받을 것으로 전망된다.

선유도를 중심으로 여러 섬이 교량으로 연결되어 육지화되었으며 그동안 숨겨있던 비경이 뭍의 사람들에 소개되는 길이 빨라질 것이다. 아무리 교통문화가 발달하였다고 하더라도 선유도 여행은 1박 2일 코스로 하는 것이 바람직하다. 이곳에선 신선한 해산물의 진미를 맛볼 수도 있다고 생각한다.

오늘 선유도 여행은 일생을 통하여 의미 있는 여행이었다고 생각한다. 아직 때 묻지 않은 자연 그대로의 아름다움을 볼 수 있었기 있기 때문이다.(2018. 06. 20)

제6장
고전 음악과 함께

봄이 오는 소리

봄이 오면 어김없이 남풍이 불어온다. 손님이 오시듯이 조용하게 부는 때도 있지만, 마치 족제비처럼 이 골목 저 골목, 이 산 저 산을 뒤지고 다니는 바람도 있다. 봄바람은 마치 엄마가 아침에 잠자는 아이를 깨듯이 분다. 엄마에 따라서 아이의 등을 쓰다듬으면서 사랑스럽게 토닥거려 깨는 엄마가 있는가 하면 크게 소리를 질러서 깨는 엄마도 있겠고 아이의 몸을 막 흔들어서 깨는 엄마도 있을 것이다. 오늘 부는 바람은 자는 아이에게 소리를 지르고 몸을 막 흔들어서 잠을 깨는 그런 엄마와 같다.

움 돋은 나무도 있고 땅을 비집고 나오는 새싹도 있기는 하지만, 아직도 잠자는 초목의 잠을 깨우려고 봄바람은 그렇게 부는가 보다. 그러나 이러한 움이나 새싹들은 먼저 햇빛을 보려고 다투지 않는다.

그뿐이 아니다. 훈풍에 실려 온 봄기운은 그동안 얼음 밑으로 울고 예던 시냇물을 제법 졸졸 소리를 내면서 흐르게 한다. 시냇물도 먼저 흐르려는 다툼이 없이 질서정연하게 흐른다. 단조롭기는 하지만, 그 속에도 리듬(rhythm)이 있다. 리듬은 원래 물이 '흐른다.'는 라틴어 'rhein'에서 온 말이라고 한다. 장단과 강약의 소리가 천고의 소리를 되살리는 것 같아서 마음이 이끌린다.

건넛산 중턱에 이른 아침 스모그(smog)가 아닌 흰색깔의 농무 띠가 산허리를 안고 있다. 마치 엄마가 추워서 까칠해진 어린이를 포근하게 안아주듯이 말이다. 남풍과 합세하여 농무가 아직 잠자는 초목의 깊은 잠을 깨려는가 보다. 자연은 이렇게 합력하여 봄을 익힌다.

봄은 꽃과 잎을 잉태하기가 그렇게 어려운 모양이다. 잉태시켜 낳은 자식들을 기르려고 하나님께서 분명히 비를 주실 것으로 믿는다. 때가 때이니 만치 눈이 내릴 리는 없겠고 비가 내릴 텐데 대지를 촉촉이 적셔주는 비를 내려주셨으면 좋겠다.

봄이 오면 꽃샘바람이라는 것도 있다. 남녘의 꽃소식이 전해진 지 여러 날이 지났고 이곳에도 꽃이 피려고 하는데 바람결이 차갑다. 피려 했던 꽃망울이 오므라질 것 같다. 너푼거리며 부는 바람이 차가움을 안고 뺨을 스쳐 간다. 간지러운 것 같으면서도 싸늘한 느낌이 들었다. "봄바람은 품으로 기어든다."는 속담은 이를 두고 하는 말인 것 같다.

진녹색의 솔밭 속에서 새의 지저귀는 소리가 들려온다. 지난해도 그 새가 지저귀었는데 올해도 그냥 지나지 않고 지저귄다. 그때도 저 지저귀는 새의 이름을 몰라서 궁금했는데 올해도 그 궁금증은 풀리지 않는다. 이름을 모르더라도 그 새의 모양새라도 올해에는 꼭 볼 생각이다. 그 새의 지저귀는 소리는 짝을 부르는 연가라고 한다.

그래 남풍과 졸졸 흐르는 시냇물 소리와 같이 새들의 지저귐은 희망을 주는 봄의 소리이다. 이들의 합창이 있어야 봄이 성큼 다가서는 기분이 든다. 그러나 이것들을 머물게 할 수는 없다. 그것도 세월의 틈바구니에 끼어서 흘러가니 말이다.

그런데 이를 잡아두기라도 하려는 듯이 비발디(Vivaldi)가 사계 중에 "봄"(Spring from Four Seasons)이라는 곡을 작곡했는지도 모른다. 그중에서 제1악장 속에 '새들은 즐겁게 노래하고 시냇물은 부드럽게 속삭이며 졸졸 흐르다가 갑자기 먹구름이 몰려와 우레와 번개가 한바탕 소란을 피운다. 어느덧 구름은 걷히고 다시 아득한 봄의 분위기 속에서 즐거운 노래가 시작된다.' 이는 봄의 소리를 느낄 수 있는 아름다운 곡이다.

봄은 이렇게 여러 가지 조화를 부리면서 오는가 보다. 하기는 그러한 조화 없이 어떻게 움 돋고 꽃을 피우게 하랴? 새로운 것을 만드는 데는 진통을 겪는다. 화창한 봄날을 맞으려면 북풍한설을 겪어야 한다. 나뭇잎이 피어나고 꽃망울이 터질 때 어찌 아픔이 없으랴? 옥동자를 분만하려 할 때 산모가 겪는 진통과 다를 것이 없을 것으로 생각한다.

인생도 자연 일부이거늘 한평생 어찌 순탄한 길만 걸을 수 있으랴? 눈 오는 날, 비 오는 날, 바람 부는 날도 겪으면서 살아가고 있다. 젊었을 때 그렸던 청사진 그대로 이루어진 인생이 몇이나 있더냐? 착실하게 계획을 세우고 차질 없이 이행했다고 하더라도 그 결산은 언제나 미흡한데 어찌하랴? 그것은 욕심이 빚어 놓은 인생의 결과물이란다.

봄이 오는 소리는 한 해의 시작을 알리는 숨소리이며 가을에 알찬 열매를 기약하는 전주곡이다. 봄 가뭄이 깊어도 봄은 오게 마련이고 온갖 초목은 생기를 받아 자라며 원대한 꿈을 키워 간다.(2014. 02. 03)

트로이메라이

내가 공직생활을 하다가 정년퇴직한 뒤에 조그마한 사단법인 설립허가를 받아서 교회 음악지도자를 양성하고 있다. 규모가 하도 작고 집사람이 운영을 잘해서 나는 옆에서 대관 업무를 담당하는 일이 전부다.

그런데 우리 법인에서 학생들을 위하여 매년 시행하는 '향상음악회'가 있다. 이 음악회는 글자 그대로 학생들의 기량을 높이기 위한 경연장이다. 이 음악회에 특별 출연해 달라는 요청을 받았다. 나는 음악을 사랑해서 고등학교 때부터 현재까지 많은 음악을 감상하고, 때에 따라서는 피아노 연주도 했다. 그러나 정규로 음악 교육을 받은 적은 없다. 그래서 처음에는 특별출연 요청을 거절했다.

그런데 주최 측에서 하는 말이 연주를 잘하시는 분들은 많이 있다고 하면서 "정식으로 음악 교육을 받지 않으신 분이 피아노 연주하시는 것이라서 특이하고 학생들에게 격려가 될 것 같아서 연주를 부탁한다."고 말했다. '학생들에게 격려가 된다.'는 말에 나는 체면 같은 것을 생각하지 않고 그러면 출연해 보겠다고 응낙했다.

내가 선곡한 곡은 프랑스 폴드 세네 빌(Paul de Senneville. 1933~)이 자기 딸을 위해 작곡한 "아드린느를 위한 발라드"(Ballade Pour Adeline)란 곡이다. 내가 특별출연하겠다는 말을 한 뒤에 매일 손가락이 아프도록 연습에 연습을 더했다. 결국, 연주회의 날이 다가와서 학생들의 경연이 끝난 뒤에 막간을 이용하여 나는 박수를 받으면서 그랜드 피아노 앞에 앉았다.

잠시 적막이 흘렀다. 연주가 시작되었다. 내 마음은 떨림이 없었으나 손가락에서 땀이 나는 느낌이 있었다. 마음에 떨림이 없다고 하더라도 긴장한 것만은 틀림이 없는 것 같았다. 무사히 연주를 마쳤다. 이어서 앙코르가 터져 나왔는데 나는 앙코르 준비도 하지 않았거니와 그것을 받을 여력도 없었다. 나는 "칠 줄 모르는 피아노 연주를 경청해주셔서 감사하다."는 말과 내가 이 자리에서 피아노 연주하게 된 동기와 의미를 말해주었다.

나는 피아노 연주를 한 뒤에 후회스러움 같은 것을 느꼈다. 그것은 아무리 학생들을 격려하기 위한 것이라고 하지만, 연주가 너무나 부족했기 때문이다. 마지막 연습을 할 때 피아노 전문 연주자의 검증을 받고 그 정도면 괜찮겠다는 말을 듣기는 했다. 그러나 집에서 연습할 때 정도로도 연주하지 못했다. 그래서 마음의 한구석에 께름칙한 것이 남아 있다.

그런 마음을 가라앉히려는 생각에서 낭만파 로베르트 슈만(Robert Alexander Schumann. 1810 ~ 1856)이 작곡한 트로이메라이(Träumerei. 꿈)를 연습하기 시작했다. 꿈을 이루어 보자는 일종의 도전이다. 악보를 제대로 읽을 줄도 모르면서 말이다. 하기는 시작이 반이라는 말이 있다. 음감이 잘 잡히지 않아서 연습하기 전에 유명한 피아니스트가 연주한 이 곡을 여러 번 들었다. 그랬더니 신기하게도 음감이 잡히기 시작해서 매일 그 음감을 떠올리면서 피아노 건반을 두들기고 있다. "꿈은 이루어진다."는 신념을 품고 말이다.

'트로이메라이'는 '어린이 정경'(Kinderszen)이라는 슈만의 소곡집 가운데서 일곱 번째로 실려 있는 곡으로 가장 유명하다. 이 소곡집은 1838년 어린이가 된 기분으로 쓴 여러 곡 중에서 선곡하여 처음에는 12곡으로 된 모음집이었는데 뒤에 한 곡을 추가하여 13곡이 되었다고 한다. 슈만의 동심, 어린 시절에 대해 동경을 담은 곡들인데 그중에서 특히 '트로이메라이'는 자신의 아내가 될 피아니스트 클라라에게 보낸 편지에 이 곡의 내용을 소개했다고 한다.

이 곡의 연주를 들으면 해맑은 봄날에 물이 잔잔히 흐르듯이 평온하며 단순하다. 느리고 고요히 흐르는 피아노 소리가 마음을 포근하게 해 준다. 그리고 그 포근함 속에서 천진난만함을 헤아릴 수 있고 나래를 활짝 펴고 창공을 비상하는 꿈이 서려 있는 듯하다.

슈만은 그 당시의 보수적이고 형식적인 음악계를 혁신하려 했으며 낭만주의 음악을 이해시키려고 선두에 나섰다고 한다. 이를 뒷받침하기 위해 음악신보('Neue Zeitschrift für Musik')를 창간하여 수많은 평론과 쇼팽(Chopin), 브람스(Brahms), 슈베르트(Schubert) 등을 소개하기도 했다고 한다. 그의 중요작품으로는 '피아노협주곡', '사육제' 등이 있다.

슈만은 말년에 정신병의 악화로 병원에 입원하여 투병하는 등 어두운 날들을 보내다가 정신병으로 짧은 삶을 마감했다고 한다. 그렇지만 '트로이메라이'는 현재까지 많은 사람의 사랑을 받고 또 즐겨 연주되고 있다.(2015.12.18)

음악엔 언어로 표현할 수 없는 감흥이 있다

나는 처음엔 음악이 무엇인지도 모르고 감상했으니 감상이라기보다 그냥 좋아서 들었을 뿐이다. 그러다 보니 음악과 친숙해졌고 음악을 들음으로써 마음의 평안을 얻고 슬플 때는 위로를 받은 적도 있다. 나이가 들어감에 따라서 음악은 나의 벗이 되어 다가왔다.

최근 대학 동문 모임에서 음악 감상에 열을 올리고 있으며 음악 감상의 높은 수준에 이른 한 동문이 클래식이 흐르는 방송 시간대를 여러 동문에게 알려주고 난 뒤에, 한 동문이 나에게 음악을 오랫동안 감상해 왔으니 음악을 말해달라고 요청했다.

이것은 막연한 요청이다. 음악이란 무엇인가? 를 설명해달라는 것은 문학이란 무엇인가? 철학이란 무엇인가? 를 설명해 달라는 것과 같은 뜻으로 매우 어려운 요청이다. 그때는 설명하지 않았지만, 일반적으로 음악은 소리의 흐름이라고 생각한다. 여기에 리듬(rhythm), 선율(melody) 그리고 화성(harmony)이 있다. 이 음악에는 작곡가의 사상이 배어있고 그의 사상과 감정이 묻어나며 내용이 있다고 생각한다.

예컨대 비발디(Vivaldi)의 '사계'(Four seasons)에서는 계절의 변화를 읽을 수 있으며 베토벤(Beethoven)의 '엘리자를 위하여'(For Elise)에서는 사랑의 언어를 들을 수 있고 오펜바흐(Offenbach)의 '재클린의 눈물'(Jacqueline's Tears)에서 슬픈 감정을 느낄 수 있다. 이처럼 음악은 희로애락을 느끼게 하는데 언어가 표현할 수 없는 감흥(inspiration)이 있다.

나는 가끔 음악에 대하여 말해 달라는 요청을 받을 때가 있다. 난 그때 음악을 전공하지 않아서 모른다고 대답했다. 그러면 네가 음악 감상을 오래 했다고 하니 음악 감상하는 방법이라도 말해 달라고 집요하게 묻는 친구가 있다.

그때 나는 외국어 습득의 왕도는 '외우는 것'이라고 말하듯이 음악 감상의 왕도는 '듣는 것'이라고 말한다. 음악을 여러 번 반복해 듣고 음악에 관한 소양을 기를수록 작곡가의 작곡 의도에 가까워지게 된다. 예컨대 비발디의 사계 중 '여름'이라는 제목을 모르고 감상하더라도 여름임을 느낄 수 있다. 잔잔한 하늘에 먹구름이 몰려오는 듯하며 천둥 번개가 치고 템포가 갑자기 빨라지는 등 여름의 정경을 느낄 수 있다. 이러한 느낌 속에 음악이 나이고 내가 음악인 경지에 들어갈 수 있다. 거기에서 느끼는 감흥이 음악 감상의 요체라고 생각한다.

음악 감상하는 방법에는 여러 가지가 있을 수 있다. 르네상스 음악, 바로크 음악, 고전주의 음악, 낭만주의 음악, 국민주의 음악 그리고 근대와 현대음악과 같이 시대별로 감상하는 방법도 있고 가곡, 마드리갈, 소나타, 아리아, 오페라, 서곡, 찬곡, 카논, 푸가, 교향곡, 협주곡, 소야곡, 미사곡 등과 같은 음악의 형식에 따라서 감상하는 방법도 있다. 나는 처음에 두서없이 잡다하게 음악을 듣다가 뒤에 음악사별로 그리고 음악의 형식별로 혼합해서 감상했다. 요즘은 내가 좋아하는 음악을 찾아서 감상한다.

현재 나에겐 가진 것이 없다. 그러나 나의 옆에는 천금 같은 음악이 있다. 늘 같이했던 것은 아니지만, 음악을 통하여 희로애락을 느끼면서 살아온 지가 60여 개 성상이 되었다. 이 음악은 오래 찾지 않아도 노하지 않고 자주 찾아도 귀찮아하지 않는다.

한때 음악 애호가 친구들에게 음악을 실은 편지를 띄우며 같이 감상했다. 나 혼자 음악을 즐기는 것보다 나 이외 음악을 좋아하는 분들과 함께 음악을 감상하는 나눔의 세상에서 사는 것도 귀한 일이라고 생각했다. 요즘에는 음악에 대한 멘트는 하지 않고 유튜브에서 내가 좋아하는 클래식을 골라서 친구들에게 가끔 보내며 함께 즐기고 있다.

최근 년에는 음악애호가들을 위하여 국내외의 유명한 소프라노, 테너 등 성악가를 초청하여 음악회를 가지며 각 시·도립 관현악단은 정기적으로 음악회를 개최하곤 한다. 그래서 기회가 있으면 가끔 이러한 음악회에 참석한다. 생음악을 직접 감상하는 것은 입체적인 의미가 있어서 좋다고 생각한다.

"음악을 들을 때 무엇을 느끼나요?" "음악 속에 사상과 내용이 있나요?"라는 질문을 가끔 받을 때가 있다. 위에서 이미 설명한 바와 같이 음악을 감상할 때 마음의 평안과 즐거움을 얻을 수 있으며 슬플 때는 위로를 받을 수 있다. 이러한 분위기에서 엔돌핀(endorphin)이 분비된다고 한다.

그리고 음악 속엔 의미와 이야기가 있다. 이 이야기에는 뚜렷한 주인공이 있고, 명확한 내용이 있다. 하지만 언어가 감정을 포함한 의사소통 수단이라면 음악은 감정 자체를 직접 전달한다. 다시 말하면 슬픈 상황을 언어로 전하여 듣는 이의 감정에 호소한다면 음악은 슬픔 그 자체를 전달한다.

베토벤(Beethoven)은 교향곡 제9번 제4악장은 시인 실러(F. Schiller. 1759~1805)가 쓴 '송시'(환희의 송가)를 읽고 감명을 받아 작곡했다고 하는데 실러의 시어(詩語)로 읽고 작곡자는 기쁨과 환희를 그렸으며 그는 그 악보에 친필로 "만민들이여 서로 껴안아라."고 썼다.

그 껴안으라는 것은 '사랑'하라는 의미로 생각된다. 이 합창의 내용은 창조주 하나님을 표현한 가사로 되어있다고 한다.

푸치니(Puccini)의 오페라 나비부인(Madame butterfly) 중 2막에서 남편 핑커턴(Pinkerton)이 미국으로 돌아가며 "뱁새가 둥지를 틀 때 돌아오겠다."고 한 그의 말을 회상하며 기다리는 아내 나비부인이 부르는 노래가 '어떤 갠 날'(One fine day)이다. 어느 날 주인공인 핑커턴이 탄 배가 입항한다. 수병들의 잔잔한 '허밍 코러스'(Humming chorus)가 흘러나오고 나비부인은 아들과 함께 핑커턴을 기다리면서 방에 꽃을 꽂아 장식하며 예쁘게 화장하고 결혼할 때 입었던 옷을 입는다. 하지만 핑커턴은 미국인 부인 케이트(Kate)를 데리고 나타난다. 그리고 나비부인의 아들을 데리고 간다는 말이 나온다.

나비부인은 "명예로운 삶을 살지 못할 때는 명예로운 죽음을 택하겠다."는 그 집안의 내력에 동조하여 자결한다. 이를 발견한 핑커턴은 나비부인을 부르며 죽어가는 나비부인을 끌어안고 무릎을 꿇고 자신의 무책임한 행동을 뉘우친다는 내용이다.

이처럼 음악엔 의미가 있고 이야기가 있다. 나비부인은 어떠한 어려움이 있더라도 아내의 도리를 다하려는 전통적인 동양 여성의 부덕을 잘 나타냈다. 목숨을 바치면서 한 미국 남성에 대한 사랑을 지키려고 몸부림치는 가냘픈 순정의 일본 여인상을 푸치니 특유의 감미로운 선율로 잘 그렸다

우리가 언어로 정리한 음악을 이해하지 못하고 오로지 감정으로 음악을 받아들일 수 있다. 하지만 우리가 내용을 모른다고 해서 아무런 이야기가 없는 것은 아니다. 작곡가는 분명히 음악을 통해 감상자에게 들려주려는 뜻이 있다. 하나의 감정일 수도 있고, 숭고한 인간의 정신일 수도 있다. 우리도 같은 인간이기에 그 뜻을 분명히 느낄 수 있다. 이렇게 다양한 음악 속의 내용을 자유롭게 느끼며 상상의 날개를 넓게 편다. 음악은 언어가 표현하지 못하는 느낌으로 마음속 깊은 곳을 움직인다. 그것을 감흥이라고 표현한다.(2018. 04. 11)

거리의 음악가

우리나라에서는 볼 수 없는 광경으로 외국에선 거리에서 바이올린을 켜는 연주가, 클라리넷을 부는 연주자, 육성으로 노래를 부르는 성악가가 있다. 장소는 시민들이 자주 지나가는 광장이나 거리이다. 한참 인기 있는 분들은 그렇게 하지 않는다. 과거에 이름이 있었으나 지금은 나이가 들어서 인기는 사라지고 살기 어려운 음악가, 좀 악기를 다룰 줄 아는 가난한 분이 거리에서 연주하는 것을 볼 수 있다.

옛날이야기인데 한 가난한 노인이 거리에서 모자를 벗어놓고 바이올린을 연주하고 있으나 모이는 사람은 적고 찬바람만 날리는데 세계적인 바이올리니스트 파가니니(Nicoló Paganini. 1782년~1840. 이탈리아)가 지나가다가 이를 보고 노인의 바이올린을 받아 켜니 많은 사람이 운집해서 음악을 감상하고 벗어놓은 모자에는 돈이 가득히 채워졌다는 일화가 있다.

최근에 70세가 넘은 네덜란드 출신 마틴 허켄스(Martin Hurkens)가 과거의 꿈을 품고 광장에서 중절모자를 벗어놓고 You raise me up(내 영혼 지치고)을 불렀다. 그는 음악적인 재능이 있어서 어렸을 때 합창단원이 되었고 장학금을 받아 음악학교에서 공부하다가 그 장학금 지원이 중단되는 바람에 그 학교를 떠난 뒤에 생계를 유지하려고 제빵회사에 취업해 35년 동안 근무하다가 해고되어 가족의 생계를 위해 거리의 음악가가 되었다고 한다.

그는 2010년 막내딸이 아버지 모르게 'Holland's Got Talent'에 신청했는데 몇 번 주저하다가 출전해서 많은 사람에게 감동을 주고 우승했다. 지금도 그는 성악가의 꿈을 안고 그것이 이루어지리라는 희망을 품고 거리에서 노래를 부른다고 한다.

한 가지 남기고 싶은 말은 위에서 말했듯이 삶이 어려워서 거리의 음악가로서 노래를 부를 때 혹은 환희의 미소를 짓고 혹은 감동하여 눈물을 흘리는데 그치지 말고 벗어놓은 중절모자에 돈을 넣는 것을 잊지 말아야 한다. 내가 쑥스러우면 어린 자녀에게 돈을 들여보내서 모자에 넣게 하는 것은 산교육이다.

좋은 음악 듣고 감동하여 맘속에 우러나서 남에게 베푸는 일이 얼마나 아름다운가? 그것을 자녀에게 행하게 하는 것은 좋은 훈육 방법이라고 생각한다.

거리의 음악가는 거리에서 연주나 노래를 부르는 플래시몹(flash mob)과는 다르다. 그것은 불특정 다수인이 정해진 시간과 장소에 모여 주어진 행동(연주나 합창)을 하고 곧바로 흩어지는 것인데 돈과는 상관이 없다. 우리나라 아리랑이란 민요를 국내외에서 플래시몹 하는 것을 보았다. 이것은 음악을 매개로 하여 군중을 한곳으로 모이게 하는 좋은 방법이다.

우리나라에서는 음악가의 삶이 어렵지 않아서 그런지, 아니면 나라가 풍요로워서 그런지 거리의 음악가를 본 적이 별로 없다. 그러나 서울 신촌 어느 가게 앞에 내놓은 피아노를 여고생이 멋있게 연주해서 행인의 걸음을 멈추게 한 장면을 본 적이 있다. 그 학생도 거리의 음악가임에는 틀림이 없다. 또 홍대 거리에 놓여있는 낡은 피아노 앞에서 낡은 옷을 입고 중절모자 차림의 노인이 월광 소나타(the Moonlight Sonata)를 열심히 연주하는 광경을 TV를 통해서 시청했다.

나도 그 노인처럼 거리에서 피아노를 연주하는 거리의 음악가가 되고 싶다. 그 꿈이 이루어질까?(2018. 07. 12)

선한 열매

나는 다른 사람들에 비교해서 클래식 감상을 좀 일찍부터 시작한 것 같다. 고등학교 저학년 때부터 시작했으니 말이다. 그 나이에 특별한 사람을 제외하고는 일반적으로 팝(pop)을 많이 듣는 나이다. 학부를 거치면서도 어찌 생각하면 전공보다도 클래식 감상에 신경을 많이 썼던 것 같은 생각이 든다. 그것도 군대생활, 공직생활을 하다 보니 내 뜻대로 되지 않았다. 그래도 기회 있을 때마다 클래식에 관한 서적을 섭렵(涉獵)하면서 클래식을 감상했다.

인간은 욕심 때문에 죄를 짓고 에덴동산에서 쫓겨났으며 그 때문에 인간은 고통을 당하며 살고 있다. 그러나 그 욕심이 없다면 인간을 발전할 수 없다. 하지만 하나님께서 허락하신 범위 안에서 욕심도 부리고 살아야 한다. 아마 그것은 자본주의 체제를 유지 발전하는데 큰 원동력이 되었을 것이다.

외국 생활을 할 기회가 있어서 마음 놓고 음악을 감상해야 하겠다는 생각에서 클래식 테이프를 한 케이스 사 갔으며 그것을 승용차 포켓에 넣고 다니며 들었는데 차 유리창을 깨고 누가 다 가져가서 결국, 클래식 감상을 하지 못하고 마이크를 통하여 꾸란을 낭송하는 낯선 소리를 일방적으로 듣기만 했다.

우리 집에 미국 유학 중인 작은아들이 방학 때 치고 간 피아노가 놀고 있어서 레슨 하시던 선생님과 상의해서 이를 배우기로 했다. 바이엘을 치기 시작해서 1년쯤 돼서 끝내고 귀국했다. 그러나 공무에 분주해서 야근까지 하고 퇴근한지라, 음악 감상은 물론 피아노 레슨을 받을 시간적 여유가 없었다. 그런 상태에서 정년퇴임이라는 프레임(frame)에서 벗어나지 못하고 옷을 벗고 나왔다.

그 뒤 나의 생활은 무료감과 싸우느라고 어려움을 겪었다. 간신히 몸을 추스르고 바로 이웃해있는 피아노학원을 찾았다. 학원 선생님은 바이엘부터 복습하는 의미에서 다시 치라는 것이다. 내가 그 바이엘을 친 지가 수년이 흘러간 뒤라서 다시 치기 시작한 날 바로 학원 선생님이 다시 치라는 의미를 알 수 있었다.

유치원생, 초등학생, 대학입시 준비생들 틈에 끼어서 레슨을 받았다. 바이엘 이외에 체르니 30번까지 다 칠 무렵에 건물이 팔렸다고 하면서 임차인인 학원 선생님은 멀리 학원을 옮기고 말았다. 그래서 클래식만 감상하고 찬송가를 가끔 치는 데 불과했다.

그러한지 수년이 지난 뒤에 경기도 용인시 수지란 지역으로 이사했는데 마치 그 단지 상가 안에 조그마한 피아노학원이 있어서 집사람이 그곳 학원에 등록하고 소일하라고 해서 다시 피아노 건반을 두들기기 시작했다. 체르니 30번까지 쳤다는 말을 들은 선생님은 클래식 소품부터 가르치기 시작했다. 그러나 피아노의 기초인 바이엘과 체르니로 다진 기초는 다 허물어지고 음계마저 잊어버려서 더듬거리며 피아노 앞에 앉는 시간이 괴로움이었다. 그렇게 해서 여러 달 동안 레슨 받은 결과가 서투르게 클래식 소품을 몇 곡을 치는 정도였다.

그런 뒤에 피아노학원 선생님이 바뀌었고 새로 오신 선생님은 요즘 대세가 '피아노 반주법'이라면서 그 반주법을 배우시라고 권면했다. 그 반주법 교재는 5권까지 있는데 1권부터 레슨을 받기 시작했다. 전에 배운 바이엘은 5선지 위에 음계가 그려져 있어서 그에 따라서 레슨을 받았다. 악보를 보면 윗부분은 높은음자리표에 따른 음계가 있고 아랫부분은 낮은음자리표에 따른 음계가 있다. 이를 묶어서 큰보표라고 하며 높은음자리표에 있는 음계는 오른손으로, 낮은음자리표에 있는 그것은 왼손으로 피아노 건반을 친다.

그런데 반주법은 낮은음자리표 음계는 없고 음계가 그려있는 높은음자리표 5선지 바로 윗부분에 코드(code)를 표시해서 그 코드에 따라서 왼손으로 피아노 건반을 친다. 그 코드가 낮은음자리표에 그려진 음계

역할을 대신한다.

몇 개월 동안 반주법을 배워서 다 마쳤는데 지도 선생님은 4권과 5권을 복습하는 의미에서 레슨을 더 받으라고 철저함을 보여주었다. 이를 다 마친 뒤에 다시 클래식 레슨을 받기 시작했다.

선생님의 말씀처럼 복습하는 의미에서 전에 쳤던 클래식을 다시 치기 시작했다. 선생님으로부터 레슨을 받은 뒤에 열심히 연습하고 있는데 문밖에서 초등학교 저학년 학생이 할아버지가 월광곡(Moonlight Sonata Op. 27-2)을 치신다고 말했다. 그 학생은 이미 그 나이에 월광곡을 쳐서 피아노 소리만 듣고도 그 곡을 알고 있다는 말이다.

나는 피아노 레슨을 받으면서 음악을 비롯하여 특히 예능계통의 공부는 어렸을 때부터 배워야 한다는 것을 절실히 느꼈고 이러한 공부는 단속적으로 해서는 아니 된다는 것을 알았다. 어렸을 때는 하나를 가르쳐주면 둘 셋을 더 아는 수가 있는데 나이 들어서는 둘 셋을 가르쳐주면 어쩌다 하나만 남고 다 잊을 때가 있다.

그러나 이왕에 마음먹고 시작한 것이니 내가 건반을 두들길 힘이 있을 때까지 피아노 레슨을 받을 것이며 아무리 잘 잊어버리는 계절에 산다고 할지라도 물방울이 바위를 뚫는 것처럼 반복해서 계속 연습할 것이다.

극심한 고난을 겪으면서도 꿈을 이룰 수 있다는 신

념을 품은 노숙자 미국 플로리다주 도널드 굴드(Donald Gould. 51)는 공공 피아노 앞에서 'Come Sail Away'를 연주하며 구걸하였고 그 모습의 동영상이 전파를 탔으며 이를 본 애초 그가 다녔던 스프링 아버 대학교(Spring Arbor University)에서 전액 장학금을 지원해 주어서 늙게야 대학을 졸업하고 훌륭한 피아니스트의 꿈을 이루었으며 지금은 음악으로 다른 사람들을 돕고 있다고 한다.

성경에 "우리는 그가 만드신 바라 그리스도 예수 안에서 선한 일을 위하여 지으심을 받은 자니 이 일은 하나님이 전에 예비하사 우리로 그 가운데서 행하게 하려 하심이니라"(엡 2:10)라고 하신 말씀처럼 누구나 선한 열매를 맺을 수 있다고 생각한다.(2018. 08. 07)

경기병 서곡을 감상하면서

가끔 가을비가 내리면 음산하고 삭막한 생각이 든다. 평소 듣던 음악을 제겨놓고 프란즈 본 쥬페 (Franz von Suppe. 1819~1895. 오스트리아)가 작곡한 '경기병 서곡'(Leichte Kavallerie Ouvertüre)을 들었다. 들어본 지가 하도 오래 돼서 녹슨 감이 들었다. 애초 '경기병'의 초연은 크게 성공했으나 지금은 거의 연주되지 않고 그 서곡만 관악, 현악 등으로 연주되고 있다고 한다.

'경기병 서곡'은 오스트리아 출신 시인 키알 크스타가 쓴 대본을 보고 위에서 말한 쥬페가 작곡했으며 헝가리 무곡 차르다슈(Cardas) 등을 이용한 군인 생활 이야기를 음악화했다고 한다.

쥬페는 소년 시절에 플루트를 잘 불었으나 뒤에 빈에서 작곡을 배우고 43세 땐 안데아 빈 극장 전속이 되어 지휘자로서 작곡가로서 활약했다고 한다. 그의 작곡 영역은 오페레타, 발레 음악, 교향곡, 서곡, 가곡 등 다방면에 걸쳐 있으며 대표적인 오페레타에는 '경기병'(Leichte Kavallerie. 1866), '시인과 농부'(Dichter und Bauer. 1876). '보카치오'(Boccaccio. 1879), '돈 환'(Donna Juanita. 1880) 등이 있다.

희극이며 가극인 '경기병 서곡'은 극 중의 주요 선율 다섯 개를 취합하여 엮어 놓은 것으로, 용감한 경기병의 위풍당당한 모습을 암시하는 걸 강조해서 트럼펫, 플루트, 호른 등의 팡파르로 시작한다. 바이올린 등 현악기의 연주에 이어 팡파르로는 계속되고 트롬본이 장식하며 경기병의 행진곡이 이어진다.

말발굽 소리는 아마도 출전하는 기병대를 표현했음을 알 수 있다. 중간쯤에는 단조로 바뀌어 순국 장병의 애도를 묘사하는 첼로와 바이올린의 합주로 진행되는 서정적인 분위기를 조성하고 이어서 3부로 된 형태의 마지막 부에서 다시 한 번 행진곡이 관현악으로 웅장하게 바뀌고 곡의 피크를 장식하며 화려한 구성으로 되어있는 드라마틱하고 아름다운 서곡이다.

경기병 서곡에 나오는 경기병(輕騎兵)은 경무장(輕武裝)하고 말 탄 병사들을 가리키며 중무장(重武裝)한 기수들인 중기병(重騎兵)과 구분되는 의미의 기병이다. 그의 사명은 보통 정찰, 소전투, 습격으로 중요하게는 연락 업무를 담당한다고 한다.

수년 전에 영국 여행으로 여왕의 성 주변을 관광한 때가 생각난다. 그때 검은색 모자를 썼고 빨간 윗도리에 검은색 바지 복장을 한 근위병(Queen's guard)이 말 타고 행진하는 모습을 보았는데 그것과 경기병 서곡에서 말 탄 경기병과 자꾸 오버랩(overlap)되었다. 국가에 따라서 근위병이나 경기병의 모습은 다를지라도 충성심은 같을 거라는 생각이 들었다.

경기병 서곡을 들으면서 시인 모윤숙(毛允淑) 여사가 쓴 "국군은 죽어서 말한다."라는 시가 생각났다. 근위병이 왕을 위해서 충성을 다해야 한다면 군인은 국가를 위해서 충성을 다하여야 한다. 내가 고등학교 때 그 시를 읽었고 그 시 중에서

> "엎드려 그 젊은 주검을 통곡하며
> 나는 듣노라 ! 그대가 주고 간 마지막 말을
> 나는 죽었노라, 스물다섯 젊은 나이에
> 대한민국의 아들로 나는 숨을 마치었노라.
> 질식하는 구름과 바람이 미쳐 날뛰는 조국의
> 산맥을 지키다가
> 드디어 드디어 나는 숨지었노라."

그 대목에서 가슴이 뭉클하고 눈시울을 적신 기억이 살아난다. 그때가 한국전쟁 중 휴전할 것이냐? 를 놓고 설왕설래하던 때로 생각한다.

경기병 중간부에 울려 퍼지는 첼로와 바이올린 소리를 들으면서 전투에서 죽은 경기병의 최후를 생각해 보았다. 그 경기병은 전장에서 사명을 다하고 죽었으므로 그 죽음은 아름답다.

속된 말로 전시에 군인은 소모품이라고 한다. 국가

가 위기에 처하면 국가를 구하기 위하여 군인은 초개(草芥)와 같이 목숨을 버린다. 그것이 군인의 사명이며 그래서 그 죽음은 아름답다.(2018. 11. 06)

제7장
흘러간 이야기

요강에 관한 소고

1990년대 후반에 중국 베이징(北京)을 거쳐 상하이(上海)까지 출장을 한 일이 있었다. 그때 통역을 담당한 조선족이 상하이 재개발구역 옆을 지나면서 "저기 헐린 건물 한 귀퉁이에 나무상자를 보라"고 하면서 "그것이 무엇인지 아느냐?"고 물었다. 우리나라에서 전에 사용했던 육면체의 됫박 모양으로 생긴 물건인데 그 됫박보다 훨씬 커(4배 정도) 보였다. 아무리 생각해도 그 물건의 용도를 생각해 낼 수 없었다.

그 조선족은 잠시 기다리다가 그것은 중국식 '요강'이라고 말했다. 색깔이 거무스레한데 정육면체는 아니고 높이가 좀 낮았다. 그는 "지금은 사용하지 않는다."고 하면서 한때 긴요하게 각 가정에서 사용했던 물건이라고 말했다. 그 목제 요강에 분명히 오줌이 배어들어서 악취가 심하게 났을 것으로 생각했다.

요강에 대해 생각하다가 나의 어린 시절로 돌아갔다. 내가 어렸을 때 집집마다 필수품으로 두세 개의 요강이 있었다. 그 요강은 일반적으로 사기로 만든 것과 놋쇠로 만든 것 등이 있었는데 꼭지가 달린 뚜껑이 있는 것도 있고 없는 것도 있다. 그런데 놋쇠 요강은 일제 강점기에 병기를 만드는 데 사용한다고 왜놈들이 다 뺏어갔기 때문에 한때 집집마다 사기요강 일색이었다.

그러면 우리나라 사람들은 언제부터 요강을 사용했을까? 1975년에 발굴 조사된 부여군 초촌면 송국리 선사 취락지에서 발굴된 토기 속에 요강이 있었다고 한다. 그 요강은 지금과 같은 요강이 아니라 토기의 생긴 모양으로 미루어보아 그 용도가 요강이라고 판단하였을 것으로 생각한다. 그뿐만 아니라 부여군 부여읍 군수리에서 출토된 호자(虎子)라는 남성용 요강이 있는데 이는 7세기 백제 시대에 만들어진 것으로 호랑이가 앉아서 입을 벌리고 먼 곳을 바라보는 모습을 하고 있으며 그 호자 등 부분에 손잡이가 달려있어 손으로 들고 다닐 수 있게 만든 휴대용 남성용 요강이라고 한다.

일반적으로 우리나라에서는 전통 가옥의 본채에 뒷간이 붙어있지 않았다. 그래서 캄캄한 밤에 애들이 큰일을 보려고 뒷간에 가는 것을 무서워했다. 그것은 예로부터 '뒷간에 긴 머리카락으로 얼굴을 가린 지저분한 처녀 귀신이 있다'는 말이 전해오고 있다. 그래서 아이들이 어두운 밤에 뒷간에 갈 때 엄마나 아빠, 형이나 누나를 대동하고 갔다. 그래도 내 경험으로는 바스락 소리만 나면 그 귀신이 금방 튀어나올 것 같아서 무서워 머리카락이 쭈뼛하고 사지가 오므라드는 것 같았다.

그런데 요강은 오줌만 누는 단지로써 낮에는 사용하지 않고 주로 밤에 사용했다. 그래서 야호(夜壺)라고 한 모양이다. 이 요강은 한 방에서 잠을 같이 자는 부모도 형제자매도 함께 사용했다. 그러므로 요강은 옷처럼 네 것 내 것이 없고 공용이다. 비 오는 여름밤이나 추운 겨울밤에 집 바깥에 있는 뒷간에 가지 않고 침실에서 오줌을 해결할 수 있도록 한 것에서 선조의 지혜를 찾아볼 수 있다.

이 요강이 없었다면 자다가 오줌을 누려고 어른들이나 아이들이나 그때마다 집 바깥으로 나가야 하는 불편함이 있고 밤에 아이들은 어른들을 대동하고자 할 것이므로 불편하기 이를 데 없었을 것이다. 그러나 요강이 이 문제를 해결해 주었다. 젖먹이를 제외하고 애들은 오줌이 마려우면 요강을 찾아서 쉬를 하고 그대로 누워서 잠을 자면 된다. 요강은 일반적으로 방구석 일정한 곳에 놓여 있어서 어둠 속에서도 찾기에 별로 어렵지 않았다.

요강은 16세기 문헌에서부터 현재까지 사용하고 있는 순수한 우리말이며 그 요강의 재질로는 고령토, 장석, 석영 등의 가루로 만든 사기(沙器)요강도 있고 놋쇠로 만든 유기(鍮器. 놋쇠) 요강도 있으며 나무로 만들어서 옻칠한 목칠기(木漆器) 요강도 있다. 사기요강의 빛

깔은 일반적으로 흰색이나 초록색도 있고 흰 바탕에 하늘색으로 무늬를 그린 것들도 있다. 놋쇠 요강은 구리와 아연을 합금으로 만들었으며 특히 가볍고 깨지지 않으며 잘 닦아놓으면 엷은 황금색이어서 품위도 있어 보인다. 그리고 나무로 만들어서 옻칠한 요강은 가벼워서 좋고 서재에서 선비들이 사용했으며 놋쇠 요강은 규방(閨房)에서 부녀자들이 사용했다고 한다. 그 이외에 진흙으로 만든 옹기(甕器) 요강도 있다. 이 요강은 사기 요강과 같이 무겁고 깨지기 쉽다는 단점이 있다.

옛날 어머니들은 자녀를 기르면서 그들에게 이 요강에 쉬 하는 방법을 가르쳤다. 나도 어린 시절에 무릎을 꿇고 바지춤을 내리고 오줌을 눈 생각이 난다. 그리고 시집가는 딸의 가마 속에 친정어머니가 사이즈가 좀 작은 사기요강을 넣어주었으며 오줌을 눌 때 소리 나지 않도록 목화씨나 겉보리를 넣어주는 배려를 잊지 않았다. 이렇게 요강은 한때 우리 일상생활에 없어서는 안 될 긴요한 그릇이었다.

옛날 서양에 여자의 전용 요강이 있었다. 앨버트박물관(Albert Museum)에 보관된 1810년대 침실용 요강이 그것이다. 그것은 다방에서 커피잔에 크림을 넣을 때 사용하는 길쭉한 크림 그릇과 비슷한 모양이다. 그 재질은 대개 도자기용 재질이다. 그 요강은 여자 전용이라서 그런지 겉에 꽃무늬 등이 그려져서 아름답고 화려하다. 이런 모양의 여성용 요강이 발전해서 오늘날 우리가 사용하는 양변기가 되었다고 한다. 우리나라 요강은 남녀공용인 데 반하여 서양의 요강은 여성 전용이다. 그런 점에서 요강문화가 우리나라는 남녀평등이나 서양은 여성 독점이라는 점이 다르다.

우리나라의 주거문화가 독립가옥에서 아파트, 연립주택의 형태로 바뀜에 따라서 뒷간도 집 바깥에 독립해 있던 것이 집 안으로 입주하게 되었다. 그래서 그곳에 양변기를 설치하고 남녀가 공용으로 사용하고 있으며 최근에는 독립가옥도 양변기를 설치한 집들이 많아졌다. 그래서 뒷간이 집 안으로 들어옴에 따라서 요강은 자연스럽게 퇴출당하였다. 인제 요강을 보려면 민속박물관에나 가야 그 모습을 볼 수 있다.

옛날 우리 조상이 사용했던 요강은 매일 아침에 내용물을 버리고 물로 닦았다. 특히 겨울철엔 뜨거운 물로 닦았다. 그것을 "요강을 부신다."고 한다. 그래서 청결을 유지했는데 지금 양변기를 매일 물로 닦는 집은 드물다. 매일 요강을 닦듯이 양변기도 뜨거운 물이나 스팀으로 닦아서 사용하여야 한다. 화장실 문화는 동서고금을 막론하고 청결이 생명이다.(2010.11.06)

소와 나의 인연

아침 일찍 산책을 나섰다. 무더운 날씨이지만, 아침엔 초목이 더 짙푸르게 보였다. 산비탈에 붙어있는 밭뙈기 주변에 씀바귀가 탐스럽게 자라고 밭둑 옆에 서 있는 억새 잎은 미풍에도 흔들리고 있다. 이 씀바귀와 억새를 보면 옛날 어린 시절에 소(農牛)를 끌고 다니면서 풀을 뜯기던 생각이 난다. 그것은 소가 이 씀바귀와 억새를 아주 좋아해서 먹었기 때문에 마음속에 깊게 새겨진 모양이다.

지금은 농촌에서 논과 밭을 갈 때 경운기(耕耘機)나 농용트랙터(tractor)를 사용하고 있지만, 옛날 내가 자랄 때 농촌에서는 논과 밭을 갈 때 소의 힘을 빌렸다. 쟁기나 써레에 달린 멍에를 소의 목 위에 얹고 소의 힘을 받아서 논도 갈고 써레질도 하고 밭도 갈았다. 그 힘든 일을 그 소가 다 해냈다. 그 당시 이렇게 소는 농촌에 없어서는 안 되는 아주 힘센 큰 일꾼이었다. 그뿐만 아니라 짐을 많이 실은 달구지를 끄는 일도 했다.

이러한 소의 사료는 가을, 겨울이나 봄에는 볏짚으로 여물을 만들어 주거나 쌀겨나 보릿겨 그리고 콩깍지를 가마솥에 넣어 죽을 쒀 주는데 봄에는 콩, 보리 등 알곡을 넣어 죽을 쒀 주기도 한다. 그것은 춘경(春耕)을 앞두고 소를 살찌게 해서 그의 힘을 빌리기 위함이다. 그리고 모내기를 위한 논갈이와 써레질이 끝난 뒤에 낮에는 소에게 풀을 뜯기고 밤에는 꼴을 먹였다.

내가 초등학교에 다닐 때 여름에 소를 끌고 다니면서 풀을 뜯겼다. 풀을 뜯기는 일은 보통 저녁 해지기 전 한 시간 내외이었다. 아침에 소를 초지에 끌고 가서 소의 행동반경을 넓히기 위해 코뚜레에서 이어진 고삐와 쇠말뚝이 달린 줄과 연결하고 그 쇠말뚝을 땅에 박아놓는다. 그렇게 하면 소는 혼자 온종일 초지에서 풀을 뜯으며 배를 불린다.

그런데 그 초지가 흔하게 있는 것은 아니다. 그래서 자기가 소유한 산지의 나무에 부득이 소의 고삐를 잡아매는 때가 있는데 저녁때 가보면 이 나무 저 나무에 고삐가 얽히어서 온종일 풀을 뜯지도 못하고 한 자리에 서 있는 것을 보면 미안하기도 하고 가엽기도 했다. 그래서 소를 나무가 있는 산지에 매 놓을 때는 하루에 두세 번 가서 고삐가 나무에 얽히지 않았는지, 풀을 잘 뜯고 있는지를 살펴보아야 한다. 이때 나무에 고삐가 얽혔을 때 풀어주고 풀이 많은 초지로 옮겨 매주어야 한다.

방목하는 소들은 목장 울타리 안에서 코뚜레도 없고

고삐도 없이 자유롭게 풀을 뜯는다. 그래서 좋은 육질을 만들어내지만, 농우는 코를 꿴 코뚜레에 연결된 고삐로 잡아매기 때문에 자유롭지 못하다. 그것은 농촌이라서 이곳저곳에 농작물이 자라고 있어서 이 농작물을 소가 먹을 뿐 아니라 논밭을 밟아서 농사에 지장을 주기 때문에 부득이 소를 고삐로 잡아맨다.

내가 중학생일 때 논두렁이나 밭두렁 또는 산기슭 초지에서 꼴을 베었다. 꼴이 바지게에 다 차면 그때부터 꼴지게를 지고 집에 왔다가 산지에 매여 있는 소를 끌고 풀을 뜯기면서 귀가한 기억이 아직도 맘속에 새겨있다. 소에게 풀을 뜯기고 꼴 베는 일은 모내기가 끝난 뒤부터 시작한다.

나는 소에게 연한 씀바귀나 억새를 먹일 때와 마당 귀퉁이 쇠말뚝에 맨 소에게 꼴을 먹일 때 소가 가쁜 숨을 몰아쉬면서 풀을 열심히 먹는 것을 보면 그렇게 기분이 좋았다. 소는 반추동물(反芻動物)로서 한번 삼킨 먹이를 다시 게워 내어 씹는 특성이 있는데 이것은 소화를 잘 시키기 위한 되새김질이라고 한다.

여름철에 그러한 소에게 낮에는 쇠파리가 귀찮게 달라붙어 피를 빨아먹고, 밤이면 모기가 달라붙어 피를 빨아 먹는다. 머리를 흔들고 연신 꼬리로 파리나 모기를 날리지만, 물것은 악착스럽게 달라붙어 소의 피를 빨아먹는다. 그래서 나는 파리채로 쇠파리를 여러 번

잡아주었으나 중과부적(衆寡不敵)이었다.

그런데 내가 고등학교에 진학할 때 어머님께서 "집안에 돈이 없으니 소를 팔아서 입학금을 내고 진학하라!"고 말씀하시고 "공부하지 않으면 농촌에서 흙먼지를 뒤집어쓰고 열심히 일해야 겨우 먹고 산다."는 말씀을 하시면서 진학을 강권하셨다. 그때 그 소 판 돈으로 고등학교에 진학했고 그것이 계기가 돼서 서울까지 올라와서 공부했다.

그래서 농촌 하면 그 소를 생각하고 씀바귀와 억새를 보면 그때 그 소가 즐겨 먹었던 것이 생각난다. 오늘 아침 산책하면서 본 씀바귀와 억새가 어린 시절을 추억하게 했으며 향수에 젖어 그때 그 소에게 더 많은 풀을 뜯기고 더 많은 꼴을 베다가 주지 못한 것을 안타깝게 생각하면서 그 소가 내 배움의 길을 열어준 데 대하여 지금도 고맙게 생각하고 있다.

그리고 나는 그 소와 같이 생활하면서 얻은 교훈이 있다. 원래 소는 빠르게 움직이지 않지만, 꾸준히 힘이 드는 일을 잘 해낸다는 데에서 성공을 위해서는 꾸준한 노력이 필요하다는 것과 소는 일단 삼킨 먹이를 게워 내서 소화를 잘 시키기 위해 되새김질한다는 데에서 공부도 소와 같이 되새김질하여야 배운 것을 잘 소화할 수 있다는 것을 터득했다.(2012. 07. 18)

왕골자리

내가 어렸을 때 농촌에서는 방에 왕골자리를 깔고 살았다. 이 왕골자리의 재료인 왕골은 물을 좋아하기 때문에 논이나 습한 밭에서 잘 자라는 한해살이풀이다. 봄에 파종하고 가을에 거둬들이는데 키가 1.5~2m 정도이며 가을에 줄기 끝에서 꽃이 핀다. 줄기는 삼각형 모양으로 자라며 마디가 없고 색깔은 다 자라면 누렇고 줄기의 섬유조직은 매끄러우며 질겨서 돗자리, 왕골자리, 방석 등을 만드는 데 쓴다. 이 왕골은 우리나라, 일본, 열대와 온대 지방에 분포되어 있다.

일반적으로 우리나라 방의 넓이는 5.76㎡(1.74평)이므로 그 규격에 맞도록 왕골자리를 매서 두 장을 맞물려 깐다. 그런데 농촌 방의 넓이가 들쑥날쑥하므로 그 규격에 맞게 왕골자리를 매서 까는 때가 많다. 내가 어렸을 때 우리 집에 방이 다섯 개 있었다. 새로 지은 집이라서 방의 규격이 좀 큰 편이다. 방 다섯 개 중 짚일 하는 방은 멍석을 깔았으며 다른 방은 다 왕골자리를 깔았다.

이러한 왕골자리는 어떻게 만들어지나? 왕골자리를 매려면 자리틀, 왕골과 노끈, 진흙으로 요요처럼 만들어 군 노끈을 감는 추(철제도 있음) 그리고 볏짚이 필요하다. 이 왕골자리는 종이 장판이나 나무 마루보다 피부에 닿는 감촉이 부드럽고 좋다.

나에겐 이 왕골자리에 슬픈 사연이 숨어있다. 우리나라가 해방됐던 그해에 나의 아버님께서는 9살인 날 남겨놓고 뇌졸중으로 앓으시다가 저세상으로 가셨다. 가시기 전에 아버님께서 자리틀을 설치해 놓고 왕골자리를 매시다 떠나셨다.

어머님께서 어린 나에게 왕골자리를 매라고 하셨다. 평소 아버님께서 왕골자리를 매시는 것을 어깨너머로 보았으므로 가능할 것도 같았다. 어머님께서 왕골자리를 매기 전에 준비로 수확한 왕골을 물에 축여 놓았다가 삼각형 결대로 째셨다. 이렇게 짼 왕골을 둥글게 감았다가 자리를 맬 때 그 왕골을 물에 적셔 놓고 속에서 한 개씩 뽑아 쓰도록 하셨다. 왕골의 크기나 폭이 일정하지 않으므로 알맞은 크기로 째서 쓰는데 왕골의 속 부분에 짚을 넣고 도톰하게 만들어서 자리틀에 얹고 노끈이 감긴 앞부분의 추를 자리틀 뒤쪽으로 넘기고 뒤쪽의 그것을 앞으로 엇갈리게 가져오며 단단히 당겨 맨다.

이렇게 4, 5㎝ 간격으로 매달려있는 노끈 추를 앞뒤로 바꿔가며 위에서 말했듯이 왕골을 잡아맨다. 여기서 왕골의 길이가 짧을 때는 부족분의 크기와 길이를 맞춰서 노끈으로 묶어 매는 곳에서 이어야 하며 좌우로 끝마무리할 때는 전전에 맨 줄의 왕골 속 볏짚을 자르고 현재 매가고 있는 마지막 줄과 싸잡아 맨다.

그런데 내 앉은키가 작아서 왕골자리를 매는 데 많이 불편했다. 그래서 무릎을 꿇고 매거나 쪼그리고 앉아서 매는데 어머님께서 너 팔도 어깨도 아프고 힘들 것이라고 말씀하시면서 네모난 말(곡식을 되는데 사용하는 목제 그릇)을 엎어놓고 그곳에 걸터앉아서 매도록 했다. 그 말을 움직일 때 힘이 들었으나 그런대로 왕골자리를 매는 데 편했다. 왕골자리를 매는 일은 똑같은 일을 반복하기 때문에 한참 바깥에서 친구들과 뛰놀 나이에 방 안에서 자리를 매는 것은 지루하고 답답했다. 그래도 아버님께서 매다가 말고 가신 그 왕골자리를 몇 개 월 걸려서 완성했다.

이 왕골자리를 방에 깔고 살 때 평소 쓸고 닦고 하지만, 봄가을에 이를 걷어서 햇볕에 말리고 회초리로 먼지를 털어내야 한다. 자리 사이에 오물이나 먼지가 많이 끼어있기 때문에 위생상 먼지를 털어낼 필요가 있다.

일반적으로 각 가정에서 까는 왕골자리와는 격이 다른 왕골자리가 있다. 그것은 강화도(江華島)와 함평(咸平) 지역에서 생산되는 유명한 화문석(花紋席)이다. 그것은 무늬도 그려있고 넓은 것도 있다. 이 화문석은 사람이 깔고 앉는 자리라기보다 아름다운 예술작품이라고 할 수 있다. 그래서 그런지 한여름에 이 화문석을 너른 대청에 깔고 누우면 서늘해서 잠이 스르르 온다고 한다.

한국 정부가 수립된 지 수년이 지난 뒤부터 농촌에도 장판이 성행하였다. 처음에는 비료부대나 시멘트부대를 이용하여 각 집에서 장판을 하고 그 위에 콩기름 등으로 칠 했다. 그것이 발전하여 방문이나 창문에 바르는 전통한지(傳統韓紙)로 기름 먹인 장판지가 다량 생산되었다. 이것을 시장에서 자유롭게 사서 사용했으며 비닐장판이 나와서 그것도 많이 사용하고 있다. 자연산도 있으나 화학제품인 바닥재가 나무 무늬의 모습을 담아 생산돼, 특히 다세대 주택에 많이 사용하고 있다.

그리고 이제는 농촌에도 침실문화가 서서히 침대로 바뀌어 감에 따라 방바닥에 왕골자리를 깔거나 종이장판을 하지 않고 모노륨 장판 등 화학제품인 바닥재를 방바닥에 깐다. 물론 고급주택에서는 나무로 된 고급 바닥재를 사용한다. 아무튼, 나에겐 어느 것보다도 왕골자리에 대한 잊을 수 없는 향수가 짙게 배어있기도 하지만, 자연산인 깔개를 제외하고는 다른 것은 마음에 들지 않는다.(2012. 09. 01)

추수 변천사를 생각하면서

며칠 전만 해도 들녘에는 환금 물결이 너울거리더니 며칠 지나지 않아서 들녘은 빈 들이 되었고 볏짚이 마른 논바닥에 깔렸거나 무더기로 짚단이 군데군데 있는 것을 볼 수 있다. 옛날에는 벼를 낫으로 베서 논두렁에 가리를 쳐놓아 건조했다가 이를 지게로 져서 탈곡마당에 옮기고 탈곡해서 먼지와 검불을 날린 다음에 섬이나 가마니에 넣어서 곡간에 옮겨놓아야 추수가 끝났다.

그러나 지금은 콤바인(combine)이라는 농기계로 논에서 직접 벼를 베고 탈곡해서 마대에 넣어 트럭으로 운반해 곡간에 보관하면 추수가 끝난다. 이젠 추수가 간편하게 되었다.

이렇게 기계화되어서 종전에 추수하려면 여러 과정을 거쳤는데 지금은 일시에 다 이루어지므로 추수의 속도가 빨라졌다. 그런데 이 농기계는 경지정리가 된 논에서 사용하기 편리하며 이 때문에 농촌 일손이 가벼워졌고 한 가구에서 넓은 면적의 논을 경작할 수 있는 대농을 가능케 하는 이점도 있다. 그러나 산골짜기 다랑논에서나 면적이 좁은 논에서는 사용하기 어렵다는 단점도 있다.

추수가 끝난 빈 들녘을 바라보니 내가 자랄 때 추수했던 모습이 떠오른다. 옛날에 정식으로 추수하기 전에 벼를 베다가 훑었는데 그때 나무젓가락보다 굵은 신우대로 만든 벼훑이로 벼 이삭의 목을 잡고 훑는 것을 보았다. 벼 이삭의 목을 한 개씩 잡고 훑기 때문에 한나절을 훑어도 몇 되가 되지 않았다. 이렇게 해서 햅쌀밥을 지어 먹었다. 햅쌀밥을 맛본다는 의미도 있지만, 보릿고개를 숨 가쁘게 넘느라고 햅쌀을 당겨먹은 것이다.

그 당시 천치(千齒)라는 벼훑이도 사용했다. 이 농기구는 일본에서 개발해서 19세기 말에 우리나라에 들어왔다고 한다. 이 천치는 철판을 나무젓가락 크기보다 큰 20여 개 이(齒)로 갈라서 마치 얼레빗 같이 만든 뒤 그 판을 나무에 고정하고 고정된 나무에 구멍을 파서 기억(ㄱ)자형으로 다리 네 개를 조합하여 땅에 세우고 윗부분 양쪽에 그네처럼 줄을 매어 아랫부분에 송판을 놓고 벼를 훑을 때 천치가 흔들이지 않도록 그 송판을 발로 밟아 고정해서 사용했다. 이 천치는 일본용어이며 우리말로는 '그네'라고 표현했으며 한자로는 稻扱機(도급기)라고 한다. 그네는 천치가 도입되기 훨씬 전에 유용하게 우리나라에서 사용했다고 한다.

천치가 우리나라 그네보다 일의 능률면에서 다섯 명

의 몫을 해낸다는 뜻에서 오인급(五人扱)이라고도 했다. 그런데 이 기구는 작업능률이 높다고는 하지만, 벼를 훑을 때 이삭이 잘려 떨어지거나 그 기구 사이에 지푸라기가 잘 끼는 단점이 있다.

그런데 여러 명의 일꾼이 정식 탈곡을 할 때 우리 농촌에서는 개상 대신 절구통을 바깥마당에 몇 개 가져다 놓고 허리띠만 한 새끼줄로 볏단을 감싸 매서 그 절구통에 두서너 번 내려쳤다. 이를 태질이라고 하며 이 볏단은 도리깨질하는 일꾼들 앞에 던져져 태질로도 떨어지지 않은 낟알을 도리깨로 다 떨어낸다.

일제 강점기 말에 와룡기라는 탈곡기를 사용해서 추수했다. 이 와룡기는 기어를 이용하여 발로 밟아서 동력을 일으키는데 회전 통에 에이(A)자형 쇠갈고리가 질서 정연하게 200여 개 박혀있으며 회전통이 돌아갈 때 벼 이삭이 이에 강력하게 부딪히기 때문에 잘 떨어진다. 이때는 도리깨질이 필요하지 않다. 그것은 에이자형 쇠갈고리가 볏짚 사이사이를 강력하게 훑고 돌아가서 벼 낟알을 전부 떨어뜨리기 때문이다.

일반적으로 와룡기로 탈곡하려면 와룡기에 이어지는 넓은 송판을 놓고 그 위에 위와 같이 태질한 볏단을 올려놓는 사람, 그 볏단을 두 손으로 잡을 수 있도록 볏단을 나눠주는 사람, 와룡기를 돌리면서 탈곡하는 두 사람, 낟알을 탈곡하고 나온 볏짚을 묶는 사람 그리고 와룡기 앞에 쌓인 검불과 낟알을 긁어내는 사람해서 6인조가 탈곡한다. 그러나 부득이한 때는 두 사람이 할 수도 있다.

최근에 콤바인을 이용할 수 없는 논의 벼 추수는 경운기의 동력을 이용하여 와룡기를 회전시켜서 혼자서 탈곡하는 때도 있고 위에서 말한 6인조가 많은 양의 볏단을 탈곡하여 추수하기도 한다.

나는 일제 강점기 말에 와룡기로 탈곡하는 장면을 보기도 하고 한때는 직접 참여하기도 했다. 이렇게 벼를 탈곡해 놓고 검불을 날린 뒤에 위에서 말했듯이 섬이나 가마니에 알곡을 담아서 곡간에 옮기는데 이때 청년들은 벼 60kg(100근) 가마니를 혼자서 들어 어깨에 메고 곡간에 갖다 쌓는다. 일부러 90kg짜리 볏섬을 만들어서 힘자랑하기도 하는데 이를 등에 지고 가기는 하나 혼자서 어깨에 메지는 못했다. 그 당시 아버지들, 동네 아저씨들은 어려운 시기에 그렇게 힘든 일을 다 하셨다.

그때 내 고향 충청도에서는 이런 추수 행사를 '바심'이라고 했다. 바심하는 날은 동네잔치 날과 같았다. 동네 여인네들이 애들을 데리고 바심 집에 모여들었다. 이들은 바심하는 집 일꾼들의 먹을거리 준비에 협조해 주며 함께 음식을 나누곤 했다. 이때가 심히 우리 민족이 어렵게 살았던 일제 강점기 말이었다.

텅 빈 들녘을 내려다보면서 흘러간 세월 속에서 우리나라 벼 추수의 변천사를 생각해 보았다. 앞으로 위에서 말한 콤바인보다 더 편리한 농기계가 개발, 제작되어 보다 더 살기 좋은 농촌이 되었으면 하는 생각을 해 보았다. 농촌이 살쪄야 도시도 풍요롭기 때문이다.(2012. 11. 03)

모쟁이

우리나라 모내기철은 지역에 따라 다르나 중부권에서는 매년 5월 중순부터 모내기를 시작한다. 좋은 계절을 선정해서 오래전부터 계획해서 친구들과 함께 대형버스를 타고 여행길에 올랐다. 오랫동안 메말랐던 대지를 적셔주려는 듯한 비가 계속 내렸다. 차창 밖을 내다보니 산은 진녹색이 연두색으로 변하여 더욱더 싱그럽게 보였다. 밭엔 여러 가지 채소 등 작물이 비를 맞아서 더욱더 싱싱하게 보였으며 그 너른 들녘엔 모내기를 전부 마쳤다.

나는 모내기를 마친 그 논을 바라보면서 추억에 잠겼다. 나의 아버지가 농부였으며 경작면적이 좀 많은 편이었는데 밭농사보다 논농사가 많았다. 한때 고용인을 둘이나 두고 일했으니 농사일이 많았다는 말이다. 내가 초등학교 4학년 때로 기억하는데 모내기철엔 가정에서 일하는 가정실습(家庭實習)이란 이름으로 학교 전체가 휴무일 때도 있었다. 그때 내가 하는 일은 모춤을 나눠주는 모쟁이 일을 도맡아 했다.

지금은 이앙기(移秧機)라는 모내기 기계가 있어서 여러 일손이 필요하지 않고 쉽게 모내기한다. 이앙기로 모내기하려면 이에 알맞은 모를 키워야 하는데 이앙기용 모는 일정한 규격의 상자에 흙을 깔고, 그 위에 파종과 복토(覆土)를 한 다음 일정 기간 상자에서 기른다. 상자에서 모를 기르는 기간은 보통 한 달 내외가 적당하다고 한다. 어린모가 자란 그 상자를 이앙기에 올려놓고 기계를 작동하면 한 사람이 너른 논에 모내기를 쉽게 할 수 있다고 한다.

그러나 재래의 이앙방법은 40여 일 이상 못자리에서 기른 성모를 손으로 쪄서 모내기할 논 즉, 쟁기로 갈아놓은 논바닥의 흙덩이를 써레로 판판하게 고른 뒤에 모를 지게로 져 옮겨놓고 손으로 모를 심는다. 내가 초등학교 때 모내기철에는 일손이 모자라서 서로 품앗이하는 등 쉴 날이 없었다. 한창 바쁠 때는 아낙네들도 모내기에 동원되곤 했다.

이때 모쟁이가 필요했다. 한두 사람이 모내기할 때는 모쟁이가 있으면 좋지만, 여러 일꾼이 모내기할 때 모쟁이가 꼭 필요하다. 이 모쟁이의 역할은 모를 심을 때 모춤을 모내기 일꾼에게 나눠주는 사람이다. 여기서 모춤이란 서너 움큼씩 묶은 볏모를 말한다. 그래도 이해가 잘되지 않을 것이다. 모내기하려면 맨 먼저 모판에 볍씨를 뿌려서 모를 가꾸고 그것을 모내기 직전에 그 모를 뽑는다. 이것을 '모를 찐다.'고 한다. 이 찐 모를 서너 움큼씩 묶어 모춤을 만들어서 이를 모내기할 논에 지게로 져다가 이곳저곳에 부어놓는다.

일반적으로 모를 심는 사람들은 일렬횡대로 서서 모를 심는데 대여섯 명이 일 때도 있지만, 많을 때는 열 명이 넘을 때도 있다. 이때 모심는 사람 근방에 모춤을 가져도 주는 사람을 모쟁이라고 한다. 이런 일은 아이들이 주로 하고 어른들은 모를 심는다.

나는 지금 모내기를 마친 들녘을 바라보면서 70년여 전 모쟁이 역할 했던 때를 생각해보았다.

그때 나를 곤욕스럽게 했던 것을 무자치와 거머리 그리고 깍따귀다. 무자치는 독 없는 뱀인데 징그럽고 무서워서 싫었으며 거머리는 대부분 담수에서 사는 생물로 슬그머니 사람의 장딴지 등에 붙어서 피를 빨아먹는다. 거머리가 우리 피부에 붙어서 피를 빨 때 이미 마취제를 넣어서 거머리가 피를 빠는 것을 모른다. 이러한 거머리에 물이면 기분도 나쁘고 징그럽다.

그리고 깍따귀는 우리 몸에서 피를 빨아먹는 물것으로 장딴지를 물거나 눈이나 귀에도 들어간다. 많을 때는 재를 뿌린 것처럼 대들며 심지어 잠방이 속까지 들어가서 괴롭힌다. 이 물것은 모내기 때 늘 그런 것은 아니다. 가끔 그럴 때가 있는데 늦은 모내기할 때 특히 그러했다. 이를 기억하는 것을 보니 그 때문에 괴로움을 많이 당했던 모양이다.

이러게 생각하면서 여주 근방에 갔을 때 비가 그쳤

다. 민얼굴인 하늘엔 그렇게 햇빛이 맑을 수 없다. 여주엔 너른 평야가 많다. 옛날에 여주에서 벼농사를 짓고 살 때 농부들의 고생이 이만저만 한 것이 아니었을 것으로 생각했다. 벼농사 지을 땅은 너르고 일손이 모자랐을 것으로 생각하니 말이다. 더군다나 여주, 이천에서 생산되는 쌀은 질이 좋아서 임금님께 진상하는 쌀이라서 신경을 많이 썼을 것이다. 지금도 쌀 하면 경기도 여주, 이천 쌀을 알아준다.(2016. 05. 24)

농촌의 초가집

처음 손자나 손녀(이하 "손자"라고 한다.)를 맞은 할머니나 할아버지는 손자가 귀엽고 하는 짓이 예뻐서 만나는 사람들에게 자기 손자의 예쁜 짓을 자랑한다. 그러니까 사람들은 그런 속내를 잘 알면서도 손자 자랑을 여러 번 하니까 뻔한 이야기이므로 그것을 막기라도 하려는 듯 또 손자 자랑하려면 돈 내놓고 하라고 한다.

이렇게 손자를 자랑하는 분을 '손자 바보'라고 한다. 손자 바보가 되더라도 손자가 좋으니까 자랑을 자주 한다. 화두가 부족하고 할 말이 없어서 그런 것은 아니다. 어떤 화두보다도 내 손자가 귀엽고 하는 짓이 예쁘니까 자랑하고 싶은 것이다.

내리사랑이란 말도 있지만, 내 속으로 낳은 내 자식보다도 손자가 더 귀엽고 하는 짓이 예쁘게 보인다. 과묵한 나 자신도 내 자식보다 내 손자가 더 귀엽고 예뻐서 자랑의 말이 나오는 것을 어찌하랴..... 그것은 하나님께서 주신 사랑을 그대로 흘려보낸 것이다.

그래서 요즘은 손자를 자랑하려거든 '수표'를 내놓고 자랑하라고 한다. 그냥 '돈' 내놓고 자랑하라고 하는 것보다 '수표' 내놓고 자랑하라고 하면 액수가 크게 생각되기 때문이다. 나에겐 손자가 둘이고 손녀가 셋이 있다. 그들은 각자 개성에 따라서 특성이 있고 하는 짓이 다르다.

오늘은 나도 '손자 바보'가 되고자 한다. 다른 손자 손녀는 다음에 그 특성을 살려서 자랑하기로 하고 오늘은 둘째 손녀에 대해 자랑하려고 한다. 둘째 손녀는 유치원에 다닐 때 제 언니가 교회에서 시행하는 음악회에 출전하려고 성가대 지휘자의 레슨을 받는 데 따라갔다가 음정 박자가 바르고 음성이 곱다고 둘째 소녀가 발탁되어 제 언니와 같이 레슨을 받았다. 음악회 날 둘째 손녀가 갈채를 제일 많이 받았다고 한다. 제 어미가 떠온 동영상을 보니 그럴만하게 노래를 잘했다는 생각이 들었다.

우리 둘째 손녀는 커가면서 노래도 잘 부르고 플루트도 오카리나도 잘 불고 피아노도 잘 친다. 초등학교 4학년 때 전국문화예술교육회가 주최한 전국학생음악콩쿠르 전국대회(피아노 부분)에서 우수상을 받았다. 학교 성적도 좋으며 책 읽기도 많이 한다. 독후감 글은 물론 그밖에 글도 썼다고 하면 상을 받아온다. 하루에 상장 세 개를 받아온 적도 있다.

무엇보다도 초등학교 6학년 때 한국미술학회가 주최한 제76회 국제친선학생미술대전에서 '농촌의 초가집'

이란 이름의 작품을 출품해서 우수상을 받아왔다. 그 작품이 경복궁역 서울메트로미술관에서 한 달 동안 전시했다. 지금도 그 그림이 내 서재에 걸려있다.

나는 가끔 그 그림에서 고향의 초가집을 생각한다. 내가 초가집에서 태어났고 초가집에서 자랐으며 초가집에 살면서 학부까지 졸업했다. 내가 어릴 때는 농촌 전체가 초가집이었다. 이 초가집은 추수가 끝나면 해마다 볏짚으로 엮은 이엉으로 지붕을 덥고 바람에 날리지 않게 새끼로 잡아매며 용마루엔 짚으로 만든 용마름을 얹어서 마무리한다. 이런 것들은 짚으로 만들어서 색깔이 노르스름하다. 이러한 초가집은 볏짚의 속이 비어있어서 방열도 잘되고 방한도 잘 된다고 한다.

둘째 손녀가 그린 '농촌의 초가집'은 전통적인 농촌의 초가집이다. 그것도 볼펜 하나로 그려서 화려하지 않고 아주 서민적이다. 겉으로 보기에는 'ㄱ'역자와 'ㄴ'자를 붙어놓은 형태의 집이다. 집 옆에 장독대 위에 옹기로 만든 여러 개의 장독이 있으며 왼쪽의 벽은 멍석을 안고 있고 오른쪽 벽에는 광주리도 걸려있다.

아래채에 바깥주인이 사용하는 사랑방과 벼 수십 섬을 보관할 수 있는 광도 절구와 절구 대를 놓는 공간도 있으며 그 뒤쪽에 농우용 외양간이 있을 것이다. 안채는 부엌이 있고 이어서 안주인이 사용하는 안방, 길쌈 방, 대청, 그리고 공부방이 붙어있을 것으로 생각한다.

둘째 손녀가 그린 그림은 한 면만 보이는데 그 그림 속을 내 상상대로 설계해 보았다. 아마 내가 옛날 초가집에서 태어나 살면서 나도 크면 초가집을 짓고 살겠다고 생각하고 어린 시절에 상상의 나래를 펴보았을 것으로 생각하며 그때 그려본 상상의 나래 속에 펼쳐진 그 내용을 둘째 손녀가 그린 그림 속에 옮겨놓았는지도 모른다.

지금 내가 전에 살던 농촌에 가 봐도 초가집의 흔적을 찾아볼 수 없다. 그것은 이미 조국근대화사업에 밀려서 이엉으로 덮은 집은 다 없어지고 슬레이트·함석이나 기와로 지붕이 바뀌었고 농촌집이 많이 개량되었기 때문이다. 그래서 초가집에 대한 애착이 더 크고 손녀가 그린 '농촌의 초가집'에 관심이 더 많은지도 모른다.

자랑을 하나 더 해보면 둘째 손녀는 중학 2학년 때 저의 학년 7개 반 전체가 원어민 영어마을에 체험학습을 하러 갔는데 그곳에서 제일 우수한 학생이라고 1등 상장을 받아왔다. 그러니 할아비가 자랑을 하지 않을 수 없다.(2017. 10. 14)

옛날 서민의 옷 이야기

내가 어렸을 때 어머님으로부터 구전동화를 여러 개 들었는데 그중의 하나가 김쌈과 관련된 '민달팽이 이야기'이다. 그 줄거리는 어느 처녀가 삼(麻) 삼는 일을 게을리 해서 입을 삼베옷이 없었다고 한다. 그런데 동네 굿판이 벌어져서 그것을 구경하려 했으나 옷이 없어서 벌거벗은 몸으로 빈 독에 들어가서 그것을 아버지가 져다 굿판이 벌어지는 마당 옆에 놓았는데 그 처녀가 굿판을 보려고 머리를 내밀 때 주변 사람들이 깜짝 놀라서 그 독을 밀어 버렸다고 한다. 그 독은 마당 낭떠러지로 굴러 떨어져서 그 처녀는 죽었다는 내용이다.

어머님께서는 그 처녀의 혼이 달팽이가 되었는데 옷을 입지 않아서 '민달팽이'가 되었다고 말씀하시고 어떠한 일이나 게으름 피지 말고 열심히 노력하면 좋은 결과를 가져오나 그렇지 않으면 불행한 결과를 가져온다는 말씀으로 끝을 맺으셨다.

이처럼 옛날에는 아낙네들이 길쌈해서 옷을 지어 입었다. 지금과 같이 옷을 지을 천(옷감)이나 기성복이 없었다.

그래서 목화를 재배해서 그 목화솜으로 물레에서 뽑은 실, 삼이나 모시를 재배해서 그 삼이나 모시의 껍질 줄거리를 이어서(삼아서) 만든 실 그리고 누에를 쳐서 그 누에의 유충이 번데기로 변할 때 자신의 분비물로 만든 껍데기 모양 또는 자루 모양의 집인 고추에서 실을 뽑아서 그 실로 날줄을 만든다. 그리고 그 날줄에 풀을 먹여서 맨 다음에 베틀에 얹는다. 이 베틀에 아낙네들이 올라앉아 배 모양으로 만든 북에 씨줄(꾸리)을 넣어 베를 짜서 목화 옷감, 삼베나 모시 옷감 그리고 고치에서 뽑은 실(명주실)로는 비단 옷감을 만든다.

이러한 옷감을 재단하여 목화 옷감으로는 겨울옷을 짓고 삼이나 모시로 짠 옷감으로는 여름옷을 지어 입는다. 예컨대 가곡 '그네'의 노랫말 중에 '세모시' 옥색 치마 금방 물린....에서 그 '세모시'가 모시로 짠 옷감이며 한산(지금의 충남 서천) 모시옷이 지금도 유명하다.

그때 옷감 색깔은 자연색이다. 거의 다 흰색 옷을 입었다. 이것은 외국인들의 우리나라 여행기에서 찾아볼 수 있다. 그래서 우리 민족은 흰색을 숭상하는 민족이라서 백의민족(白衣民族)이라고 했다고 한다. 사실은 우리나라의 물감문화가 발달하지 못했다는 데서 이유를 찾을 수 있다. 그러나 우리나라도 광복 이후부턴 유색 옷을 입기 시작했다.

옛날 농촌에서는 먹고 사는 곡식(쌀, 보리, 콩 등)과 채소(무, 배추, 시금치, 부추 등)를 생산하는 농사일을 열심히 하면서 옷을 지어 입을 옷감 재료를 생산하였다. 즉, 남자는 목화 재배, 삼이나 모시 재배를 하고 아낙네들은 누에치기해서 그 수확 등으로 길쌈하느라고 아낙네들이 쉴 날이 없었다. 조선조 화가 단원 김홍도(金弘道)가 그린 "길쌈"이란 그림을 보면 요즘 볼 수 없는 '아낙네가 베 매는 모습'과 '베틀에 올라앉아서 베 짜는 모습'을 볼 수 있다.

위에서 이미 말했지만 좀 자세히 말하면 여름에는 삼베 옷감으로 중의 적삼, 잠방이, 치마, 홑두루마기(모시) 등을 지어 입었으며 겨울에는 주로 목화 옷감으로 솜을 넣은 바지저고리, 여자의 저고리, 속옷, 치마 그리고 겹두루마기 등을 지어 입었다. 그뿐만 아니라 명주실로 짠 옷감으로 솜을 넣은 바지저고리도 지어 입었다.

우리 국민은 정부 수립 이전까지만 해도 무명실로 짠 천(무명천)으로 버선을 지어 신었다. 그러나 지금은 누구나 양말을 신는다. 재료는 털실, 혼방모사, 무명실 등으로 양말을 대량생산해서 소비자가 불편 없이 사 신는다. 한때 질기다고 나일론(nylon) 실로 짠 나일론 양말이 유행하기도 했다.

우리나라 정부 수립한 뒤부터 여성은 점점 길쌈에서 벗어났다. 즉, 옷 자료를 만들거나 그 재료로 옷을 짓지 않고 일반적으로 여자나 남자는 백화점에서 마음에 드는 기성복을 사 입거나 양장점(양복점)에서 마음에 들게 양장(양복)을 맞춰 입는다. 그래서 각 가정에서 바느질 그릇이나 재봉틀이 사라졌다.

그렇다고 해서 우리나라 여성들이 놀며 사회활동을 안 하는 것은 아니다. 지금과 같은 산업사회에서는 여자가 집안 살림이나 하는 전업주부시대는 이미 지나갔다. 아기를 낳는 것 이외에는 남녀의 구별 없이 취업해서 일하고 있다.(2018. 09. 10)

제8장
인구 부양의 시급성

인구 부양이 시급하다.
정부의 저출산 대책을 읽고
합계출산율을 높이자.
인구가 줄어드는 나라는 미래가 없다

인구 부양이 시급하다

우리나라 정치인이나 행정 관료들은 국가관이 없는 사람들인 것 같다. 한마디로 말하면 사고가 미시적이어서 미래가 없는 사람들 같기도 하다. 눈을 크게 뜨고 먼 미래를 두루 살필 줄 알아야 한다. 그렇지 못해서 하는 말이다.

국가의 합계출산율이 낮아지기 시작한 것은 30년 전부터이다. 그것은 1970년대부터 아들딸 구별 말고 둘 낳기 운동이 전개되었고, 산업화 바람으로 산업 전선에 참여한 젊은이들은 일반적으로 결혼이 늦어져서 출생률이 낮아졌다.

그때는 인구 부양에 관심이 없었으며 먹고사는 데 더 관심을 두고 살았다. 참여정부 전후해서 인구 부양이 필요성을 느끼기 시작해서 국가의 출산 정책을 수립하여 추진하기는 했으나 그 결과가 미흡하여 인구 감소라는 결과로 오늘에 이르고 있다.

지난해에 출산율이 1.05라고 하면서 저출산을 염려하는 목소리가 높아지더니 올해는 그 염려가 눈앞에 다가왔으며 1.0선이 붕괴되고 하향곡성을 그렸다. 지각 있는 매스컴에서는 목소리를 크게 내고 있는데 다른 곳에선 잠잠하다.

인구가 줄어드는 나라에서 무엇을 한단 말인가? 늦었지만, 인구 부양을 국정 지표의 1순위로 삼아야 한다. 어찌하다가 나라가 이 지경이 되었는지 모르겠다. 인구가 증가하려면 합계출산율이 2.0선을 넘어야 한다.

올해 출산한 아이들이 제대로 일을 하려면 앞으로 20년을 더 키워야 한다. 원아들을 데리고 야외에 나와서 자연 학습하는 모습을 가끔 보는데 원아들은 10여 명 내외인데 선생님들은 3, 4명이다. 이 원아들의 엄마들은 대부분은 취업해서 자녀를 유치원에 맡긴 것이다. 자녀들을 맡기는 것은 유치원 원아들뿐만 아니라 초·중학교 학생들도 마찬가지이다. 이들은 학교 수업이 끝나면 학원에 가서 학원 선생님의 지도를 받는다.

그러므로 자녀가 여럿이면 정신적으로나 물질적으로나 뒷바라지하기가 심히 어렵다는 것이다. 그래서 자녀를 더 낳지 않으려고 하며 그것이 현실화되어 인구는 계속 감소하여 합계출산율이 0.96이라는 놀라운 숫자를 만들어냈다.

갓난아이를 할머니에게 맡겨서 일손을 늘리는 전근대적인 아기 돌봄은 지양하여야 한다. 아기 돌봄을 할머니에게 맡겨서 할머니가 생병이 나고 생으로 늙는 것을 모르는가 보다. 지금은 농경사회가 아니다. 특히 대기업을 비롯하여 직장마다 탁아소를 설치하여 아기를 돌보게 하여야 한다. 그렇게 해야 엄마들도 자유롭게 직장생활을 할 수 있고 일의 능률이 오르게 된다.

합계출산율 0.96이라는 숫자를 만들어낸 것은 어제 오늘의 일이 아니다. 그 경고음이 20년 전에 울렸다. 그러나 권력 지향적인 정치인들은 그 경고음을 듣지 못했거나 듣고도 나 몰라라 했을 것이다.

인구가 줄어들었는데도 인구 부양책의 시급성을 고려하지 않고 정권연장이나 재집권에 눈이 어두운 모양이다. 좌파가 집권하든 우파가 집권하든 민주정치를 하든 독재정치를 하든 국민이 있어야 한다. 나만 높은 자리에서 권력을 누리면 무엇 한단 말인가? 극단적인 말이지만, 아무리 재산이 많은 가정이라도 자식이 없으면 그 집안은 망하게 마련이다.

지금으로부터 70여 년 전에 선생님께서 프랑스는 인구가 줄어든다고 말씀하셨다. 그때 살림이 어렵다고 하더라도 우리나라 어머니들은 7, 8남매를 낳아 기르던 때였다. 그런데 오늘날 프랑스는 유럽에서 인구 부양에 성공한 나라가 되었다. 합계출산율이 2.0이라고 한다. 인구 부양을 위해서 프랑스가 추진한 정책을 교훈 삼아야 한다.

지금 노동인구의 부족 현상으로 많은 외국인 근로자가 유입되는데 그것은 임시방편에 불과한 것이고 항구적인 대책은 아니다. 앞으로 청년 인구의 부족은 국토

방위에 문제를 가져올 것으로 생각한다. 용병을 쓴다고요? 그 방대한 예산도 문제이지만, 그들에게 충성을 바랄 수 있겠는가? 산업전선은 기계화로 해결할 수 있다는 사람이 있기는 하지만, 그 기계를 조작하는 것은 역시 사람이다.

그보다 앞서서 왜 젊은 남녀가 혼인하려 하지 않는가를 먼저 살펴보아야 한다. 취업하지 못해서, 신혼살림을 꾸릴 집이 없어서, 자녀를 낳으면 기르기 어렵고 학자금이 많이 들어서, 부부간에 편하게 살고 싶어서 등 여러 가지 이유가 있을 수 있다.

우리나라 젊은이들의 조기 결혼을 막는 이유 중 하나는 병역제도이다. 한국은 국민개병제로 혼인 적령기를 지킬 수 없기 때문이다. 둘은 취업문제이다. 경기를 부양시켜서 청년들이 취업하는 데 어려움이 없어야 한다. 일자리는 기업이 창출하는 것이지만, 그 경기부양책임은 정부에 있다.

정책은 시급성과 중요성을 깊이 생각하고 추진하여야 한다. 물론 하나만 추진할 수 없으니까. 복합적으로 추진하게 된다. 그래서 우선순위라는 말이 있다. 근세조선 이이 율곡의 십만 양병설을 정부가 받아들이지 않아서 국민이 심한 고통을 당했음을 상기하기 바란다. 그리고 한국의 변혁은 일본의 정책 흐름을 많이 닮아 감을 미리 참고하고 일본이 범한 우를 범하지 말아야 할 것이다.

젊은 남녀가 순리대로 혼인하고 출산해서 양육을 잘 한다고 생각해서는 아니 된다. 헌법재판소에서 간통죄를 폐지 결정하니 낙태죄를 폐지하라고 진보여성계에서 목소리를 높였고 여성가족부에선 긍정적인 의견을 제시했다고 한다. 그러나 인구 부양책의 하나로 특별한 경우를 제외하고는 인공임신 중절을 못 하게 낙태죄 규정을 엄격하게 적용해야 하고 피임약이나 피임기구의 판매와 사용을 금지하여야 하며 이를 금수하게 하고 밀수하지 못하게 엄격히 단속하여야 한다.

우리 정부가 그동안 인구 부양 정책을 시행했으나 그 정책이 실효를 거두지 못했다. 그러면 과거에 시행한 정책의 실패한 원인이 어디에 있는지를 먼저 알아야 하며 그렇게 하려면 현실에 부딪혀야 한다. 일일이 전수조사해서 그 원인을 밝혀야 한다. 그리고 프랑스와 같이 인구 부양에 성공한 나라의 사례를 검토·분석해서 종합적인 인구 부양책을 수립해서 시급히 시행하여야 한다.(2018. 05. 25)

정부의 저출산 대책을 읽고

정부의 저출산 대책이 발표되었다. 그 대책에 관심을 두고 열심히 읽었다. 노무현 정부에서부터 지금까지 관심을 가지고 추진했으나 이렇다 할 성과를 거두지 못하고 출산율이 계속 떨어져서 올해 합계출산율은 1.05에서 앞으로 얼마 가지 않아서 1.0의 선이 붕괴할 것이라고 관심 있는 분들은 염려하고 있다.

인구 부양은 어떠한 국정 지표 보다 앞세워야 한다고 생각한다. 그것은 장차 우리나라를 이끌어갈 후진들을 낳아 기르기 때문이다. 우리나라가 왜 이렇게 까꾸로 가는지 한심스럽다. 20세기 중반 이전부터 인구감소로 몸살을 앓던 프랑스는 출산율이 2.0으로 올라가서 유럽 최고를 자랑하고 있다.

그동안 우리 정부는 출산한 '아기 셋째부터 정부가 책임진다.'고 말했다. 그 말은 셋째부터는 육아와 교육에 대한 책임을 진다는 뜻이다. 그런 방향으로 혜택을 좀 받은 것으로 생각한다. 옛날에는 보릿고개를 어렵게 넘기며 살면서도 여러 자녀를 키우고 살았다.

자기 새끼는 자기가 낳아서 기르는 것이지 그 책임을 누구에게 미룰 순 없다. 탁란(托卵)이란 것이 있는데 인간은 탁란 하는 새가 아니다. 탁란은 자연현상이나 인간은 그것이 아니다. 어찌하다가 탁란 쪽으로 변해가는 느낌이 든다. 이것은 자연에 역행하는 것이니 궤도 수정을 해서는 안 된다. 육아를 전적으로 정부가 책임져서는 안 된다는 말이다.

지금 정부에서 수립해놓은 저출산 대책을 검토해 본 결과 출산지원금 확대 지원, 고위험 산모 비급여 입원 진료비 지원, 만 1세 미만 진료비 경감, 아동 돌보미 지원 대상 확대, 육아기 부모 근로시간 단축, 아빠 휴직보너스 상한 향상, 배우자 유급휴가 확대 등이다. 출산보다도 보육에 집중하고 있다.

우리나라 속담에 "하늘을 보아야 별을 따지……"란 말이 있다. 적령기에 있는 처녀와 총각이 결합하지 않으면 별을 딸 수 없다는 말이다. 우리나라에 적령기를 넘은 남녀가 수도 없이 많으며 40세를 넘은 사람들도 적지 않다. 물론 자기들이 알아서 할 일이지만, 국가가 이것을 나 몰라라 하고 내버려 두어서도 아니 된다.

현재 정부는 이들을 조속히 결혼시켜야 하겠다는 방안이 없다. 기존 결혼 부부도 중요하고 이들이 생산한 자녀들의 양육도 중요하지만, 적령기를 넘었어도 결혼하지 않거나 못하는 이들에게 관심을 두어야 한다.

제17대 허경영 대통령 후보가 인구 부양에 관한 공약으로 "결혼하면 남녀에게 1억 원(남녀 각각 5천만 원씩)을 지급하며 아기를 출산하면 명당 3천만 원을 지급한다."라고 했다. 요즘 저출산 예산을 대부분 보육에 쓰며 출산 수당을 지급하는 등 단기 처방을 하는데 이런 점에서 허 후보가 선각자(先覺者)라는 생각이 든다.

우리나라 젊은이들의 조기 결혼할 수 있는 실효성 있는 방안을 마련하고 청년 실업을 해소할 수 있는 방안을 마련하여 청년들의 취업 문제를 조속해 해결하여야 한다. 일자리는 기업이 창출하는 것이지만, 그 경기 부양책임은 정부에 있다.

인구 부양에는 결혼하고 출산하게 하는 풍조(風潮)가 꼭 필요하다. 이 풍조는 의류나 새 노래와 신조어(新造語)와 같이 젊은이들 사이에 부는 바람과 같다. 아무튼, 젊은 남녀가 결혼하는 바람, 결혼하면 출산하는 바람이 세게 불어야 한다. 그 바람을 누가 일으키느냐? 그것은 젊은이들 사이에 새로운 스타일의 옷, 새 노래, 신조어와 같이 대부분 전문가가 만들어내는데 꼭 전문가가 아니라도 좋다.

크게는 정부가 주도하여 정책을 입안하고 사회의 유력인사들의 바람, 예컨대 교육, 강연, 설교, 강론, 설법, 노래, 영화, 문학작품 등을 통하여 그 바람을 일으켜야 한다고 생각한다. 결혼의 촉진책으로 위에서 이미 말한 바람이 필요하며 정부에선 출산 수당을 지급하는 것도 중요하지만, 결혼했을 때 임대주택에 입주할 기회를 준다고 정부에서 수차 말했으며 일부에서 추진하고 있으나 미흡하다.

그리고 저출산 대책에는 출산과 보육도 중요하지만, 인공임신 중절을 불가피한 때를 제외하고 금지하여야 하며 적령기의 청춘 남녀가 결혼하게 하는 방안을 마련하는 것도 시급하다고 생각한다.(2018. 07. 06)

합계출산율을 높이자

합계출산율이란 단어를 신문 지상을 통하여 가끔 보는데 이 합계출산율은 한 여자가 가임 기간(15~49세)에 아기를 낳을 것으로 기대되는 평균 출산아 수를 말한다고 한다. 통계청의 발표에 따르면 우리나라의 합계출산율 추이는 지금으로부터 10년 전인 2008년에 1.19.... 2016년에 1.17, 2017년에 1.05 그리고 2018년 0.96이란다, 0.96이란 숫자는 깜짝 놀랄만한 숫자이다. 한 단위를 내려앉았으니 말이다.

지각 있는 사람들은 땅이 꺼질 정도로 인구 감소를 크게 걱정하고 있다. 국가의 기초 단위인 가정의 가족 수가 줄어든다든가, 없으면 그 가정의 전통이나 부(富)를 지킬 수 없다. 다시 말하면 그 가정은 망하고 만다는 말이다. 그래서 인구가 줄어드는 나라는 미래가 없다는 말이 나돌고 있다. 이보다 더 급한 국정 목표는 없다고 생각한다.

나이가 들면 걷기 운동이 제일 좋다고 해서 공원을 산책하고 있는데 젊은 여자가 예쁜 유모차를 밀고 공원에 나타났다. 그 여자가 하는 말이 “너도 집 안에만 있었으니 나와서 운동하라.”고 하면서 닫혀있는 유모차 앞의 지퍼를 열었다. 그때 그 속에서 개(애견)가 뛰어나왔다. 깜짝 놀라서 말이 나오지 않았다. 그리고 “엄마한테서 멀리 가지 말라.”고 하면서 운동을 시켰다. 그 여자의 손에는 개똥을 받을 비닐봉지가 쥐어있다. 애견은 사람이 아니고 개다. 왜 거기서 엄마란 말이 나오나?

평상시에도 공원에 개를 끌고 산책하는 사람들이 많기는 하지만, 유모차에 개를 싣고 다니는 것은 처음 보았다. 오늘 깜짝 놀란 일을 할미와 소녀에게 말했더니 개를 유모차에 싣고 다니는 것은 가끔 보았다고 한다. 그 유모차에 내 새끼를 태우고 다녀야 한다.

지난 주일에 우리 온 가족은 오전 9시 반에 시작되는 1부 예배를 드리러 갔다. 할미는 헌금 봉투를 가지러 가서 원로 권사님을 만났는데 왜 2부 예배를 드리지 않고 1부 예배를 드리느냐? 고 물어서 오늘 집안 가족끼리 모임이 있다고 말했다고 한다. 그때 그 권사님은 “참! 좋겠다.”라고 말씀하시더라고 할미가 전해주었다.

“참! 좋겠다.”라고 한 말은 그 권사님의 진정한 마음에서 우러나오는 말이다. 왜냐하면, 그 권사님은 혼자서 사신다. 젊었을 때는 직업군인으로 봉직하다가 전역했다. 지금 80세인데 아직도 처녀다. 그러니까 어찌어찌하다가 혼기를 놓치고 결혼하지 못했다고 한다.

그 권사님이 "참! 좋겠다."라고 하신 말씀은 가슴에 맺혀있는 한(恨)을 나타낸 것이라고 할미가 말했다.

나는 귀가하면서 앞으로 30여 년이 지나면 그렇게 한탄조로 말하는 할머니들이 많을 것이라고 말했다. 혼기를 놓쳐서 결혼하지 못한 여자들, 결혼했으나 자기 자신이 편해지자고 자녀를 두지 않은 여자들 …… 이런 여자들이 부지기수로 많을 것이며 그때 가서 "참! 좋겠다."라는 한탄조의 말을 한들 무슨 소용이 있으랴.....

여자들은 자녀를 낳아 길러보아야 한다. 그것은 하나님께서 부여하신 의무다. 맨 처음 아담의 갈비뼈를 뽑아서 하와를 만드실 적에 단순한 아담의 노리개로 만드신 것은 아니다. 아담과 하와의 결합으로 자녀를 낳아 자손을 번성하라는 의미가 있다.

애를 낳는 것도 힘들고 키우는 것은 더 힘들다고 하면서 한 아이만 낳는 여자, 아예 애를 낳지 않는 여자도 있다. 그런가 하면 결혼하지 않는 여자도 있다. 과연 그것이 편할 것인가? 결혼해서 남편의 사랑을 받고 자녀를 낳아서 그 자녀에게 사랑을 주면서 받는 희열은 필설로 헤아릴 수 없다고 한다.

그래서 하나님은 공평하시다고 하는가 보다. 자식을 낳아 키우는 어려움도 주시지만, 그 자녀로부터 받는 기쁨도 주신다. 여기에서 인생의 참! 의미를 깨달을 수 있다고 생각한다. 즉 자식을 키우면서 자라는 모습, 엄마의 사랑을 담뿍 받고 기뻐하는 모습, 애가 재롱을 부리는 모습 등을 볼 때마다 애를 키우는 어려움이 잊힌다고 한다. 실제로 애를 낳아서 길어보지 않은 사람들은 이러한 사랑의 의미를 알 수 없다. 그 자녀가 커감에 따라서 주는 기쁨을 자연스럽게 알 수 있을 것이다.

위에서 말한 권사님은 가족과 함께 모여서 회식한다는 말에 “참! 좋겠다."라고 말했는데 그 “참! 좋겠다.”란 말은 그 권사님께서 그냥 한번 해 본 말이 아니다. 그것은 가족끼리 같이 모여서 음식을 나눈다는 것이 부러워서 한 말씀이 아니다. 밥을 먹는 것이야 친구들끼리 같이 먹을 수도 있다고 생각한다. 그 권사님은 가족이 함께 모인다는 데 의미에서 “참! 좋겠다.”란 말씀을 한 것으로 생각한다.

그 권사님은 가족이 없으므로 얼마나 외로우랴? 나이가 80세이니까 부모님도 돌아가셨을 것이고 형제자매가 있을 수 있으나 다 자기 살길을 찾아갔을 것이므로 자기 혼자만 남아 있다.

주일이 되면 일찍 교회에 출석해서 예배를 드리고 온종일 교회에서 봉사하신다. 그것 이외에 사람이 귀해서 사람 냄새를 맡기 위한 것이다. 그리고 월요일부터 다시 고독은 쌓이게 마련이다. 그렇게 해서 쌓인 고독을 주일이 되면 교회에 와서 풀어내는 것으로 생각한다.

앞으로 우리나라의 합계출산율이 깜짝 놀랄 만큼 크게 높아져서 2.0을 넘어서 3.0....되는 놀라운 역사가 일어나길 기대한다. 우리나라의 인부양이 절박한 상황에 이르렀다.(2018. 12. 21)

인구가 줄어드는 나라는 미래가 없다

우리 부모님 세대는 일제 강점기 보릿고개를 넘기며 살면서도 보통 7, 8남매를 낳아 기르며 살았는데 나의 부모님은 5남매를 낳아 키우셨다. 나의 부모님도 그러지만, 그 후손들이 다 다족(多族)하지 못하다. 그리고 보면 자녀를 여럿 두는 그런 내력은 아닌 것 같다.

그래서 나는 다족한 가정을 부러워하며 살았다. 그런데 나도 단 형제를 두었다. 두 아들이 결혼해서 애를 낳기 시작하는데 큰아들 부부는 딸 둘을 두었고 작은아들 부부는 아들 둘을 두었는데 나의 바람은 두 며느리가 다 아들딸을 구별하지 말고 하나 더 낳기를 기대했다. 나야 직접 며느리에게 그 말을 못 하고 집사람을 통하여 하나 더 낳기를 권면했으나 큰며느리는 "딸을 또 낳으면 어떻게 하느냐?"고 염려와 키우기도 어렵지만, "교육비 부담이 커서 그만 낳겠다."는 말이 들려왔다.

나는 원래 남아선호 사상이 없는 사람이다. 하나님께 주시는 대로 아들이든 딸이든 구별하지 않는 사람이다. 딸만 여럿 낳았으니 아들을 하나 더 나으라든지 그 반대의 경우도 원하지 않고 자녀를 여러 명 두는 것을 원했다. 그런 가운데 작은며느리가 임신했다는 소식이 들렸다. 그렇게 기쁠 수가 없었다. 그 뒤 작은며느리가 딸을 낳아서 나는 손녀 3명, 손자 2명 합해서 5명을 두었다. 그러나 큰며느리가 딸 둘이라서 완전체의 한쪽 모서리가 떨어져 나간 것 같아서 섭섭함을 안고 살고 있다.

인구증가는 합계출산율이 2.0인 때 숫자상으로 인구증가율이 0이며 그 선을 넘어설 때 인구는 증가하게 마련이다. 우리 집 며느리들이 출산할 때만 해도 우리나라의 합계출산율이 1.45~1.24(1999~2011)였다. 그때만 해도 관심 있는 분들은 인구 감소에 대해 염려하던 때이다. 그때라도 정부에서 인구 부양의 시급성을 깨닫고 장기적인 인구 부양책을 수립해서 철저하게 이행하였더라면 오늘과 같이 큰 염려는 하지 않았을 것으로 생각한다.

그동안 정부에서 인구 부양책을 수립하지 않은 것은 아니다. 그때마다 장기 대책과 단기 대책을 세웠다. 그중 참여정부 때 인구 부양에 더 큰 관심을 두고 대책을 수립했으나 별 효과를 거두지 못했다. 그것은 현실을 제대로 파악하지 못하고 계획을 추진했기 때문에 그런 결과가 나왔다고 생각한다.

화가는 그림을 그리기 전에 전체구도를 생각한다고 한다. 그런 생각 없이 붓을 들어 그림을 그린 때 훌륭한 작품을 그릴 수 없다고 한다. 우리나라 인구 부양 정책이 전체구도를 생각하지 않고 '셋째 아이부터 정부가 책임지겠다.'는 슬로건을 내 걸었다. 지금도 정부의 저출산 대책의 내용을 살펴보면 육아에 역점을 두고 있는데 그것을 임신과 출산으로 정책 방향을 바꿔야 한다. 출산하면 육아는 당연히 따라가는 것이 아닌가?

출산율이 왜 해마다 낮아지는지 그 이유부터 검토해야 한다. 젊은 남녀가 왜 결혼을 아니 하는지, 결혼했으나 애를 생산하지 않는지...... 그 이유를 찾아서 분석해 보아야 한다. 탁상공론에 그쳐서는 아니 된다. 실제로 국민 속에 들어가서 자료를 수집하고 분석하고, 인구 부양에 성공한 프랑스의 사례를 연구 검토해서 그 장점을 내 것으로 삼아 현실성 있는 대안을 만들어야 한다.

우리나라 인구가 감소하기 시작한 것은 1984년부터라고 통계가 말하고 있으니 30여 년 전부터 인구가 감소하고 있었단 말이다. 인구를 부양시킬 수 있는 시기를 다 놓치고 일이 턱밑에 닿았는데도 시급성을 깨닫지 못하고 뒷북만 치고 있다. 이것은 강 건너 불이 아니라 지금 내가 사는 집에 불이 붙어서 타고 있다는 말이다.

해당 분야에서 일하고 있는 공무원들이나 이를 감독할 수 있는 지위에 있는 자나 국정의 총책임자는 무엇하고 있는가? 적에 침입에 방비하는 것이 이외 인구부양보다도 더 시급한 일이 어디에 있는가? '인구가 줄어드는 나라는 미래가 없다'는 말을 진리와 같은 말이다.(2018. 12. 31)

제9장
이렇게 생각한다

시부모 앞에서 내 남편을 어떻게 불러야 하나?

자녀들에게 인내심과 자제력을 길러주자

교권 확립과 학습권 보장이 시급하다

어린이의 창의력과 상상력을 키워주자

난민 유입으로 서유럽의 장래가 우려된다

책임은 행위자가 져야 한다

시부모 앞에서 내 남편을 어떻게 불러야 하나?

모 방송국에서 호칭을 바로 잡는 방송을 했다. 며느리가 시부모 앞에서 자기 남편을 어떻게 불어야 하는가? 에 대한 설명이다. 즉, "시부모님 앞에서 자기 남편을 '오빠'라고 부르면 안 된다. 혼인 전 연애하던 시절에 일반적으로 '오빠'라는 호칭을 많이 쓴다. 혼인한 뒤에 시부모님 앞에서는 '그이' 또는 '저이'라고 불어야 한다고 설명하고 친구끼리 대화할 때는 부득이 자기 남편을 부를 때 '그이', '그 사람', '우리 남편'이라고 하여야 한다."고 설명했다.

부부간의 호칭은 단둘이 있을 때는 별로 문제 되지 않는다. '당신'이라고 하든지, '여보'라고 하든지, '자기'라고 하든지, 오빠라고 하든 ..... 그때그때 애정 어린 호칭으로 부르면 된다. 그런데 애를 낳은 뒤에는 시부모님 앞에서 아빠라고 불러서는 아니 되며 '아비'라고 불러야 한다. 아빠라고 부를 때는 반드시 애 아빠라고 하여야 한다.

방송국에서 해설한 것처럼 시부모님 앞에서 내 남편

을 '아비'라고 부르는 호칭은 맞다. '아비는 '아버지'의 낮춤말인데 부모는 자기 자식이 성장하여 혼인하고 자녀를 두게 되면 그 아들을 '아비'라고 부르기도 한다. 예컨대 시부모가 며느리에게 "아비 들어왔니?", "아비가 무엇이라고 하드냐?"라고 물을 수 있다.

위에서 말한 방송국에서는 "친구들끼리 대화 중에 자기 남편의 호칭을 '그이', '그 사람', '우리 남편'이라고 하는 것이 무난하다."고 설명했다

물론 친구들끼리 모인 자리에서 자기 남편을 호칭할 때 '그이' '그 사람'으로 호칭하는 것은 좋다. 그러나 '우리 남편'이라고 호칭하는 것'이 무난하다고 하는 방송국의 설명에 동의할 수 없다. 여기에서 '우리'가 문제시된다. 사전적인 의미의 '우리'는 "말하는 이가 자기와 듣는 이, 또는 자기와 듣는 이들을 포함한 여러 사람을 가리키는 일인칭 대명사이다.

즉 '우리'의 뜻은 너와 나의 개별적인 개념이 아닌 너와 나 그리고 여러 사람이 포함된 것이 바로 '우리'이다. 단 하나이어야 하는 내 남편이 '순이', '순애', '순자 등과 함께하는 우리 남편이 될 수 없다. 내 남편은 나 혼자만의 남편이지, 공동의 남편일 수 없다. 그러므로 '우리 남편'이라고 불러서는 아니 된다.

호칭은 정확해야 한다. 예컨대 아들이 하나인 경우 '내 아들', 딸도 마찬가지이다. 아들딸이 여럿 있을 때

는 각자에 붙어진 이름을 불러야 한다. 그러나 자녀를 특정할 수 있으면 그 특정한 것을 잡아서 예컨대 맏아들이라든지, 막내딸이라든지 ..... 이렇게 불러야 한다. 호칭은 불러서 누구라는 것이 명확히 드러나야 한다.

문화권의 차이겠지만, 영어권에서는 며느리가 시부모님에게 자기 남편을 호칭할 때 my husband(나의 남편)라고 부른다. 이렇게 '우리'라는 개념이 아닌 '나'라는 개념을 쓰는 것은 르네상스 이후의 근대에 일어났던 개인주의 사상에 기인한다고 본다. 그러나 동양 특히 우리나라에서는 보편주의 사상에 기인하여 호칭도 영향을 받았을 것으로 생각한다.

그러므로 우리나라에서 '나'라는 개념보다 '우리'라는 개념에 무게를 두고 있다. 그러한 의미에서 우리 색시, 우리 마누라, 우리 남편, 우리 할멈, 우리 영감..... 이렇게 스스럼없이 쓰는가 보다. 그러나 '우리'가 아닌 '나의'(내)라는 단어를 쓰는 것이 바르다. 그러므로 친구들과 대화하는 가운데 자기 남편을 부득이 호칭하여야 할 때는 '우리 남편'이 아닌 '나의 남편' 또는 내 남편이라고 부르는 것이 바르다.(2010. 01. 11)

자녀에게 인내심과 자제력을 길러주자

지난달 D 일보 칼럼에서 자녀에게 어릴 때부터 인내심과 자제력을 키워 주어야 한다는 내용의 글을 읽은 적이 있다. 그렇지 않으면 성장한 뒤 자제력의 부족을 고치기 어려우며 이 때문에 큰 문제를 일으킬 수 있다는 것이다.

그 기사를 읽은 뒤 얼마 되지 않아서 우리 집 바로 밑층에서 한밤에 가구를 때려 부수는 소리와 꽥꽥 소리를 지르면서 왁자지껄하는 소동이 한 시간 정도 벌어졌다. 아마 부부 싸움이 있는 것으로 생각하고 잠을 설쳤는데 나중에 알고 보니 그 집에 고등학교 1학년 학생인 딸이 그랬다고 한다. 자기 아버지도 자기 어머니도 그것을 제지하지 못했다고 한다. 위의 신문 내용과 같이 어렸을 때 인내심과 자제력을 길어주지 않아서 그런 결과가 나타난 것으로 생각했다.

일반적으로 오냐오냐하고 버릇없이 키운 외아들, 외동딸에게서 발생할 수 있는 일이다. 자녀 둘만 낳기 운동이 벌어진 뒤에 대부분 자녀가 버릇없이 키워진 경우가 있다.

그래서 우리 집 아래층 딸과 같은 인내심과 자제력이 부족한 자녀를 가끔 볼 수 있다. 자기 맘에 들지 않는다고 학교에서 선생님을 고발하는 일, 동료 간 폭행이나 데이트 중 연인을 폭행하는 일, 직장생활에서 어울리지 못하고 퇴사하는 일, 군영 생활을 견디기 어렵다고 탈영하는 일 등이 일어나고 있다. 이러한 행태를 열거하려면 부지기수로 많다.

옛날부터 딸을 외아들에게 시집보내는 것과 외동딸을 며느리로 맞아들이는 것을 꺼려했다. 인내심과 자제력이 부족하고 버릇이 없기 때문이라고 한다. 그래서 가장 좋은 며느릿감으로서 셋째 딸이라고 흔히들 말해 왔다. 나도 결혼해서 아들 둘 두었고 그 아들이 다 결혼을 했으니 아내나 며느리들에 대하여는 세월이 많이 지난 지라 언급하고 싶지 않다. 다만, 후손을 낳아 기르고 있으니 그들에게 관심을 두어야 하겠다.

그래서 위에서 말한 신문 기사를 스크랩해서 며느리에게 전해주었더니 다 읽은 다음에 "정희(밑에 층 딸 가명)의 증세와 똑같네요."라고 말했다. 우리 손녀가 그런 딸이 되지 않게 키울 것으로 믿는다.

매사가 처음 시작이 중요하다. 어진 어머니 밑에서는 지혜로운 자녀가 생기고 사랑이 많은 어머니 밑에서는 자녀가 건강하게 자란다. 그리고 자식을 바르게 키우겠다는 어머니 밑에서는 세계를 품은 자녀가 태어날 수 있다. 그러나 자식의 양육에 관심이 없는 어머니 밑에서는 문제의 자녀가 생기게 마련이다. 인문환경이 얼마나 중요한지를 그 자녀가 자라는 것을 보면 알 수 있다.

오늘 밤도 자제력이 없는 아들과 딸 그리고 아내와 남편 때문에 고생하는 사람들이 있을 것이며 앞으로 그런 사람들이 양산될 가능성이 커질 것으로 생각하니 이것은 가정의 문제나 학교나 군대의 문제만이 아니라 사회 문제, 국가 문제로 비화할 소지가 다분하다는 것을 말하고 싶다. 이러한 문제를 연구하는 사회학자는 없는지 알고 싶다. 국가와 사회를 위하여 꼭 그런 연구가 필요하며 그 연구 결과에 따라서 대책을 세워서 명랑하고 평화로운 사회를 만들어야 한다.

기도해야 한다고요? 기도하는 사람도 마찬가지이다. 이것은 기도해도 하나님께서 응답을 주시지 않고 하나님께서 그것은 '네가 해결할 문제이니 너 자신 성장 과정을 되돌아보면서 스스로 깨달으라.'고 하시는 것 같다.

자제력의 부족으로 빚어지는 비슷한 것으로 고부간의 갈등이 있다. 그 갈등은 성실한 성도도 기도로 해결하지 못하는 모양이다. 그것은 성실한 성도가 아니라고요? 글쎄요? 교회를 수십 년 동안 섬기고 봉사도 많이 하고 헌금도 많이 드린 그러한 성도들이라고 한다. 그래서 예부터 고부간은 견원지간(犬猿之間)이라고 말한 모양이다. 지금은 세태가 많이 달라져서 고부간에 딸 같이, 친구같이 잘 지내는 가정도 있다. 이것을 누가 가르쳐서 될 일이 아니다. 다 성장했으니 스스로 깨달아서 바로 잡아 나가야 한다. 나는 외동딸은 아니지만, 아들 다섯 가운데 박힌 단 하나인 딸을 아내로 맞아서 살고 있다.(2014. 10. 24)

교권 확립과 학습권 보장이 시급하다

최근 보도에 따르면 교사는 학생에게 '빗자루 폭행'을 당하고 다른 학생은 트위터에 '맞을 짓을 해서'라고 글을 올리어 크게 물의를 일으키고 있다. 옛날 말이라고 하겠지만, 사부일체(師父一體)란 말이 있다. 스승은 가르치고 인도하는 사람으로 아버지와 같다는 말이다.

1998년 국가의 외환위기를 타개하려고 IMF 구제 금융을 받아쓰던 때 정부는 학생에 대한 '체벌 금지'지시를 내렸다. 그 때문에 선생님들은 어려운 시기에 설상가상(雪上加霜)으로 학생들을 통솔하기에 심히 어려움을 겪게 되었다. 군 지휘관이 병사들을 자기 휘하(麾下)에 넣지 못하면 사지(死地)인 전장(戰場)에서 병사들을 지휘할 수 없는 것처럼 선생님은 학생들을 통솔할 수 없으면 그들을 제대로 가르칠 수가 없다.

그렇다고 해서 학생들에게 꼭 매를 가해서 통솔하라는 뜻은 결코 아니다. 매는 학생들을 바르게 지도하려고 부득이 필요한 때에만 가해져야 한다. 그리고 매는 누구에게나 같은 잘못에 대하여 같은 매를 가하는 일관성을 유지해야 하며, 매를 맞는 학생이 왜 내가 매를 맞는지 알도록 해야 하며, 매를 가할 때 선생님의 감정이 개재해서는 절대로 아니 된다. 가르친다는 의미만 있어야 한다.

더 중요한 것은 매를 가한 뒤에 반드시 그 상처를 어루만져 주는 사랑이 뒤따라야 한다. '체벌 금지' 지시 이후 일부 학부모나 학생의 폭력, 폭언 등 돌출 행동 때문에 선생님들은 사기마저 땅에 떨어지고 말았다. 이러한 돌출 행동은 저 출산율과 관련이 있는 것으로서 외동아이에 대한 과잉보호의 결과라고 생각한다. 그곳에서 교사의 사명감을 찾을 수 없고 교내 질서를 유지하라는 상부의 지시는 구호에 지나지 않으며 공부를 열심히 하고자 하는 학생들의 학습권이 보장받지 못하고 있다.

요즘 학생들의 섭생(攝生)이 좋아서 몸은 전보다 발육이 좋은 편이나 지구력이 없다고 한다. 그리고 참고 견디는 인내심도 부족하다고 한다. 일부 학생이 체벌을 받으면 그의 부모는 자기가 해야 할 일을 선생님께서 대신해 주셨다고 생각해야 한다. 서양 속담에 "매를 아끼면 아이를 버린다"(If you spare a rod, you will spoil your kid.)라는 말이 있다. 옛날이야기라고 하겠지만, 한문 서당에서는 학동들이 말썽을 피우거나 공부를 소홀히 한때 훈장이 학동에게 매를 가하며 지도했다. 훈장 옆에는 늘 회초리가 비치되어 있었으며 비치 그 자체도 학동들을 지도하는데 큰 효과가 있었다고 한다.

서당에서 체벌을 가할 때 학동을 목침(木枕) 위에 올라서게 하고 회초리로 장딴지에 붉은 줄이 가도록 두세 대를 때렸다. 구약성경을 보면 "아이를 훈계하지 아니하려고 하지 말라 채찍으로 그를 때릴지라도 그가 죽지 아니하리라"(잠 23:13)라는 말씀이 있다. 이는 채찍으로 아이를 훈계하라는 말씀이다. 훈계하면서 때린 채찍은 단순히 외적인 행동을 교정하는 데 그치지 않고 타락할 수밖에 없는 영혼을 구원하는 역할을 한다는 뜻도 포함되어 있다.

위에서 말했듯이 동서고금을 막론하고 아이들을 바르게 가르치기 위해서는 체벌도 필요하다. 그런데 우리나라에서는 '체벌 금지' 지시에 따라 선생님들의 교권이 약화되었다. 따라서 학생들을 지도하기가 심히 어렵게 되었고 학생들은 선생님의 말씀에 순종하지 않고 공부를 소홀히 한다고 한다.

선생님들은 교권이 약화하였다고 방관해서는 아니 된다. 선생님이 정상적인 위치에서 학생들을 바르게 지도하여야 한다. '그런 것 학원에서 안 배웠니?' 이런 식의 말을 해서 자기의 천박성을 학생들에게 보여서는 아니 된다. 선생님은 존경의 대상이며 매달 급여를 받고 학생들을 가르쳐야 할 의무가 있다.

그러므로 교내 질서를 확립하기 위한 교권의 강화보다 교권이 정상위치로 회귀하도록 하여야 하며 그래서 하루속히 관계 당국은 교권 확립을 위한 대책을 시급히 마련하여야 한다. 그렇게 해서 학생 지도를 선생님들에게 전적으로 맡기고 학부모는 뒤에서 적극적으로 협조해야 한다. 교내는 교권의 확립과 학습권이 보장이 무엇보다도 중요하다. 그것은 내일의 올바른 일꾼을 키워 내기 위한 진통이다. 아주 시급한 문제라고 생각한다.(2016. 01. 12)

어린이의 창의력과 상상력을 키워주자

지금은 찾아보기 어렵지만, 옛날에는 소꿉놀이가 있었다. 깨진 종지, 조가비, 나뭇잎, 나무 열매, 천 조각, 조약돌 등을 스스로 모아서 어린이들은 소꿉놀이했다. 네가 엄마하고 내가 아빠하고 너는 밥을 짓고 나는 땔감 나무를 마련해 오겠다고 하면서 임무를 부여하여 오순도순 잘 놀았다. 그리고 개울에서 나뭇잎 배를 띄우고 놀거나 검정 고무신으로 냇물을 퍼내서 송사리도 잡는 놀이도 했다.

옛날 소꿉이 자연 친화적이었고 소꿉놀이도 모래나 흙, 나무나 천 조각 등, 장소도 주로 집 안, 개울가나 논밭 근방에서 놀았다. 그래서 인지발달에 좋고 상상력을 키울 수 있었다. 지금도 플라스틱으로 만든 소꿉이 있지만, 그것을 가지고 소꿉놀이하는 아이들이 있기는 하다.

초등학교만 입학하면 애들은 학원으로 내몰린다. 물론 유치원에 다니는 어린애들도 피아노학원, 태권도학원 등에 다니는 아이들도 있다. 그러니까 어린이들이 같이 모여서 소꿉놀이할 시간이 없다. 이것은 주거문화가 아파트로 변했고 부부가 다 직장 생활을 하므로 애를 돌볼 여유가 없어서 자녀를 학원에 맡겨지기 때문이다. 이것은 도시의 이야기이지만, 시골엔 소꿉놀이할 아이들도 없다.

우연히 아이들이 모이게 되면 엄마가 “너희들끼리 네 방에 가서 놀라”라 하면 “엄마! 어떻게 놀지?”하고 묻는다고 한다. 여럿이 어울려서 노는 방법을 모른다는 것이다. 일반적으로 도시 아이들은 엄마가 사다 준 조립식 장난감을 설명서에 따라 조립하는 놀이가 대종을 이루고 있다. 요즘 이러한 장난감이 시리즈로 나와서 불티나게 팔린다. 이 장난감을 가지고 논다고 하더라도 완성품 장난감으로 창의력이나 상상력을 키울 수 없다. 그래도 이를 못 살까 봐서 아침 일찍부터 할머니들이 장난감 판매장 앞에 줄을 서는 진풍경이 벌어지기도 한다고 한다.

어린이들이 엄마가 사다 준 장난감을 가지고 놀고 엄마가 등록해준 학원에 다니며 초등학교에 입학하면서부터 공교육에 의지하지 않고 사교육에 매달리기 시작한다. 엄마가 시키는 대로 아이들이 움직인다. 그러니까 “네 방에 가서 놀라!”고 하면 “엄마! 어떻게 놀지?”라는 말이 나온다.

아빠는 아침 일찍 출근했다가 밤늦게 귀가한다. 그

래서 잠자는 자녀의 얼굴만 볼뿐 사랑스러운 말이나 귀여워도 안아주지 못하고 출근한다고 한다. 부모는 자녀의 거울이다. 자녀는 부모의 일거수일투족(一去手一投足)을 보고 배운다. 그러니까 애들은 아빠를 만날 수 없고 엄마와 생활하게 되므로 엄마가 시키는 대로 따라 하며 그것은 결국, 아들을 마마보이(mama's boy)로 만들게 한다.

거기다가 특히 초등학교에는 여자 선생님의 비율이 남자 선생님보다 훨씬 더 높다. 어린 남자아이들은 집에서나 학교에서나 야성을 배울 기회가 없다. 이들은 마마보이가 돼서 성격이 온순하다고 한다. 남자는 우락부락하며 야성이 있어야 한다. 어떻게 전장에 나가서 용맹스럽게 싸울 수 있으며 이렇게 성장한 어린이들이 나중에 성인이 되어 외국인들과 경쟁하여야 할 텐데 어떻게 대처할 것인가? 참으로 염려스럽다.

한술 더 떠서 요즘 '티처보이'(teacher's boy)라는 말도 있다. 학원, 과외에 중독돼, 혼자서 공부하지 못하고 선생님께 의존하는 학생을 이르는 신조어라고 한다. 세계에서 유례가 없는 사교육의 열풍이 빚어낸 사회상을 보여준 말이다. 가정에서는 엄마 말씀에 따라서, 학원에서는 선생님의 말씀에 따라서 공부하고 행동하므로 창의력을 키울 수 없다.

시중에 나도는 말인데 판사인 아들이 출근하기 전에

'오늘 판결할 사건의 내용을 엄마에게 말씀드리고 어떻게 판결할까요?'라고 여쭈어보더라는 말이 있다. 그런 말은 사실이 아니라고 생각하면서도 마마보이는 그런 말을 충분히 할 수 있다고 생각한다. 만에 하나라도 엄마의 말씀이 판결에 영향을 미친다면 그것은 심각한 문제이다. 법관은 법률과 양심에 따라서 판결하여야 한다.

내 아들이 마마보이는 아닌지? 를 생각해 보아야 한다. 마마보이란 말은 산업화사회에서 생기기 시작했다. 아빠는 돈 벌기 위하여 바깥일에 분주해서 가정은 엄마에게 맡겨져 그런 결과가 나왔으며 자녀를 하나 아니면 둘 정도 낳아서 귀엽게만 키웠다는 데도 이유가 있다. 자녀가 여럿이면 집안에서 그들 나름대로 위계질서가 형성되고 사회성이 길러진다.

지금 어린이들은 장래 이 나라의 안위를 책임지고 국가를 발전시켜 나가야 할 일꾼들이다. 이들이 성장하는데 추호의 소홀함이 있어서는 아니 된다. 몸과 마음을 건강하게 키워야 하며 선진국에서처럼 창의력과 상상력을 키우는 교육을 하여야 한다. 이것이 기성세대의 막중한 책무이다.

그러므로 인지발달에 좋은 자연 친화적인 놀이터를 만들어 어린이들이 자연스럽게 뛰놀며 모험심을 키울 수 있도록 하여야 하며 가정에서 어린이의 창의력을 키우는 어린이 도서를 선정하여 읽도록 하고 상상력을 키우는 클래식을 들려주는 것이 좋다고 생각한다. 특히 국가의 기초단위인 가정을 튼튼하게 하려면 조속히 부권(父權)을 회복하여 아빠도 엄마와 함께 자녀 훈육에 직접 참여하여야 하며 국가의 백년대계를 위해서는 유년 인구의 증가와 공교육의 정상화가 무엇보다도 시급하다고 생각한다.(2016. 05. 02)

난민 유입으로 서유럽의 장래가 우려된다

AFP 통신은 시리아 북부 코바니 출신 에이란 쿠르디(3세)는 지난 9월 2일 오전 터키 휴양지 보드룸(Borum) 해변에서 싸늘한 시신으로 발견됐다고 보도했다. 그 시신은 빨간색 티셔츠와 반바지 차림으로 엎드린 채 해변의 모래에 얼굴을 묻고 있었다. 이 어린이의 죽음은 시리아 난민의 참상을 그대로 나타낸 것이며 이것은 전 세계적인 공분(公憤)을 불러일으켰다.

그래서 이 난민의 수용을 거부했던 서유럽 국가들은 인도주의 차원에서 난민의무분산수용계획에 따라 독일(3만1천 명), 프랑스(2만4천 명), 스페인(1만5천 명), 폴란드(9천 명), 네덜란드(7천 명) 루마니아(5천 명) 해서 9만여 명을 수용하기로 했고 영국은 독자적으로 3만 명을 수용하기로 했다. 물론 반대의견이 없는 것은 아니다. 국제이주기구(International Organization for Migration)에 따르면 이미 올해 들어 지난달 말까지 시리아 난민이 지중해를 건너서 서유럽에 유입한 수가 35만 명, 발칸반도를 거쳐 그리스에 상륙한 수가 25만5천 명, 이탈리아로 11만4천 명 그리고 스페인으로 2천2백 명 등이 이미 유럽으로 유입되었다고 한다.

그런가 하면 미국도 이 난민을 수용할 의사를 표명했고 반기문 유엔 사무총장은 세 살짜리 꼬마 아일란 쿠르디의 사망에 대해 "무섭고 애통한다."(horrified and heartbroken)"고 언급하면서 "시리아 난민 문제를 논의할 유엔 정상회의를 소집하겠다."고 밝히는 등 전 세계의 이목이 집중되고 있다.

사람의 생명보다 더 귀한 것은 없으므로 그 생명을 살리려고 인도적 차원에서 지원하고 있으며 지원을 약속하고 더욱더 큰 지원을 하려고 중지(衆智)를 모으려는 회의를 소집하는 등 백방으로 노력하고 있는 모습이 나타나고 있다.

제2차 세계대전은 1945년에 종전되었는데 이 전쟁으로 연합국이나 추축국은 많은 인명의 살상과 재산상의 막대한 손해를 보았다. 전쟁으로 7천여만 명의 사상자가 발생해서 인구 이동이 일어나게 되었다. 그것은 각국의 부족한 인력을 보충해야 할 필요성을 느끼게 되었고 그 결과 이슬람권의 인구가 유럽으로 유입하기 시작하였다. 정식으로 이민 한 사람도 있지만, 그렇지 않은 사람들도 유입되어 이질문화(異質文化)가 형성하기 시작했다. 이로써 사회적인 갈등도 빚었다. 다시 말하면 이슬람권의 인구가 유입되어 정착하게 되었고 정식 이민 절차를 거치지 않는 사람도 눌러앉게 되었다. 이것은 기독교 문화와 이슬람 문화의 충돌을 빚었다. 그러나 노동력이 부족한 유럽 각국에서는 불가피한 일이었다.

제2차 세계대전이 종전된 70년 이후에 이제는 시리아 내전의 장기화로 국민이 전쟁의 참화를 피하여 조국을 등지고 서유럽으로 피란길을 떠나게 되었으며 위에서 말한 것처럼 한 어린이의 죽으므로 종교를 초월한 인도적 차원에서 시리아 난민을 다량으로 서유럽에서 받아들이게 되었다.

그런데 서유럽의 저출산과 고령화 국가에서 이 난민 수용의 적극성을 보이는 것 같다. 합계출산율이 영국은 1.6, 독일은 1.3, 이탈리아는 1.2, 스페인은 1.1이다. 그 반면에 이슬람교도는 그 출산율이 8.1이라고 한다. 이슬람의 포교전략은 기독교의 선교와 비슷한 다와(Da′wah), 이른바 성전(聖戰)이라는 지하드(Jihad) 그리고 성전(聖殿)을 건립하는 마지드(Masjid)인데 이슬람의 세계화를 위한 새로운 포교전략으로 무슬림의 폭발적인 인구증가를 들고 있다.

서유럽에서 무슬림의 인구증가에 따른 각종 사회문제가 일어나고 있으며 외견상으로 모스크(mosque)의 증가로 나타나고 있다. 무슬림 인구증가는 정체(政體)의 변환을 가져올 수도 있다고 생각한다. 현재 무슬림의 인구증가도 서유럽 국가들에게는 버거운 일인데 여기에 시리아 난민을 수용한다는 것은 서유럽의 이슬람화를 촉진하는 좋은 계기가 될 것으로 생각한다. 그러므로 종교적인 측면에서 서유럽의 장래가 심히 우려된다.(2016. 09. 10.)

책임은 행위자가 져야 한다

세상을 떠들썩하게 한 이야기이다. '수능시험장에 휴대전화 지참 금지와 지참한 수험생은 퇴실 당한다는 엄격한 규정'이 있다. 지난 11월 12일에 시행된 어느 수험생의 엄마가 자기 딸의 가방을 챙기느라고 참고서도 먹을 것도 넣어서 보냈는데 그 속에 어느 결에 엄마의 휴대전화가 들어갔다고 한다.

한참 시험을 치르는데 휴대전화 벨이 울려서 시험 감독자가 어느 수험생의 가방인지를 확인해서 그 수험생을 퇴실시켰다고 한다. 그 학생은 재수생이라고 한다.

휴대전화가 그 학생의 가방에 들어있는 것은 그 수험생과는 아무런 관련이 없고 그 엄마가 자기도 모르는 사이에 수험생인 자기 딸의 가방을 챙기다가 들어간 것이라고 한다. 만약에 휴대전화가 울리지 않았으면 그 학생은 시험을 무사히 치르고 나왔을 것이다.

'수험장에서 휴대전화 지참을 금지하는 규정'이 있다고 하더라도 고의성이 있느냐? 를 알아보아야 한다. 그 수험생의 전화라면 의심할 수도 있는데 그것은 그 학생의 엄마 휴대전화라고 한다. 그 규정을 그렇게 적용해서는 안 된다. 일단 시험을 치를 수 있도록 허용하여야 하며 법률 전문가의 의견을 듣고 판단하여야 한다.

그 학생의 심적 고통이 얼마나 클 것이며 다음 해에도 시험을 치를 수 없다고 하니 엄마가 자기도 모르는 사이에 저지른 행위에 대하여 그 딸이 책임을 져야 한다는 것은 너무나 가혹하다. 우리 헌법에 "모든 국민은 자기의 행위가 아닌 친족의 행위로 인하여 불이익한 처우를 받지 아니한다."(헌법 제13조 제3항)라는 규정이 있다.

'수험장에 휴대전화 지참 금지라는 규정'을 잘못 해석한 것이다. 더군다나 후진을 양성하는 학교에서 말이다. 그것은 헌법 규정을 떠나 교육적 의미에서도 잘못되었다. 학생이 장래를 생각하지 않고 처벌 위주로 규정을 적용했다는 것은 큰 잘못이다. 퇴실당하지 않았다면 법원에 제소해서 구제할 길이라도 있는데 퇴실되었기 때문에 그것도 할 수 없다. 여적죄(與敵罪. 형법 제93조)를 범한 사람도 1심에서 3심까지 재판을 받을 수 있는데 엄마가 저지른 실수로 딸이 회복할 수 없는 손해를 입었다는 것은 이해할 수 없다. 이러한 규정을 바로잡아야 하며 규정을 처벌 위주로 해서는 아니 된다.

또 지난해 언론에 회자하였던 C 모 씨 딸 J 씨(20세)의 입학·학사관리 특혜 의혹과 관련하여 J 씨를 퇴학시키고 입학을 취소하기로 모 여대가 결정했다고 한다. 이것도 위의 예와 맥을 같이한다. 교육행정과 신입생을 입학할 수 있는 제도는 교육부의 규정에 따른 것이다.

그런 규정 즉, 체육특기생 대학입학제도가 없는데

위법하게 J 씨가 입학한 것은 아니다. 그녀가 불성실한 대학 생활을 했으면 학사 징계를 받으면 되는데 입학 자체가 취소되었다고 하니 황당한 일이다. 그렇게 하려면 체육특기생으로 입학한 대학생 전체를 대상으로 조사 검토하는 일관성을 보여야 할 것이다.

J 씨가 엄마의 권력이나 금력을 업고 입학했다고 하자. 일단 학교가 입학을 허가해서 다닌 것 아닌가? 어른들의 잘못으로 퇴학당하고 입학을 취소하니 그 학생은 어디로 가란 말인가? 잘못은 어른들이 저질러 놓고 학생에게 그 책임을 지라고 하는 것은 너무나 가혹하다. 이것도 현행 헌법 제13조 제3항에 위배되는 처사이다. 1980년에 공식적으로 폐지된 연좌제를 생각하게 한다.

교육기관은 학생을 잘 가르치고 선도해서 훌륭한 인재를 양성하는 기관인데 젊은 학생에게 회복할 수 없는 상처를 준 것은 비교육적이다. 바로 잡히길 바라는 뜻에서 이 글을 썼다.(2016. 12. 02.)

한국창조문학대표수필선
인생의 두 번째 계획

2019년 2월 20일 초판 인쇄
2015년 2월 20일 초판 발행
저 자 이 상 화
발행인 신 용 호
발행처 창조문학사
서울 서대문구가좌로 86 동천아카데미5층

등록번호 제1-263호
전화 02 - 374 - 9011 FAX 374-5217
이메일: hmpo@hanmail.net

공급처: 한국출판협동조합 전화 716-5616~9

ISBN 978-89-7734-665-9
정가 15,000원